U0117625

趙尺子著

趙尺子先生全集

第八冊　夏語天文三百字蛻化爲那些殷文等三種

文史哲出版社印行

國家圖書館出版品預行編目資料

趙尺子先生全集 第八冊：夏語天文三百字蛻化為那些殷文等三種/ 趙尺子著. --
初版 -- 臺北市：文史哲, 民 108.06
頁； 公分
ISBN 978-986-314-473-1（平裝）

1.論叢

078 108008747

趙尺子先生全集 第八冊

夏語天文三百字蛻化為那些殷文等三種

著 者：趙 尺 子
出版者：文 史 哲 出 版 社
http:// www.lapen.com.tw
e-mail：lapen@ms74.hinet.net
登記證字號：行政院新聞局版臺業字五三三七號
發行人：彭 正 雄
發行所：文 史 哲 出 版 社
印刷者：文 史 哲 出 版 社
臺北市羅斯福路一段七十二巷四號
郵政劃撥帳號：一六一八〇一七五
電話886-2-23511028 · 傳真886-2-23965656

九冊 定價新臺幣三〇〇〇元

民國一〇八年（2019）六月初版

著財權所有 · 侵權者必究
ISBN 978-986-314-473-1 08383

趙尺子先生全集　總目

叢書之二

趙尺子著

夏語天文三百字蛻化為那些殷文

董作賓題耑

中國邊政協會刊印

賜存

序

漢滿蒙回藏爲中華民族中的五大宗族，論血統，論思想，論文化，論宗教，自上古以迄公元十世紀，五者莫不相同。顧五大宗族有其迥然不同之處，即爲語言。依西方學者分類，漢藏爲同一語族，即所謂「漢藏語族」；滿蒙回爲同一語族，即所謂「烏拉阿爾泰語族」。語族不同，終使吾人無從相信漢滿蒙回藏原爲一單純之民族也。

本會研究委員會副主任委員趙尺子先生曾在蒙古地方研究蒙古語文十餘年，近五年來陸續研究蒙古文字，發現「漢藏語族」實爲「烏拉阿爾泰語族」之進化。易言之：「烏拉阿爾泰語[illegible]」即滿蒙回語爲中華民族原始語言；藏語爲滿蒙回語之簡化；漢語則爲滿蒙回語之更簡化。趙先生使用科學方法「識字解聲」、「考義證史」、「知俗明化」、「依條按理」等四種，第一步從蒙語中查出其蛻化之漢字已近萬個，證據精確，爲學術界所益常重視。

尺子先生此一語文新說，對於漢滿蒙回藏五大宗族之團結、[illegible]、建國，將有歷史性之貢獻。今而後五大宗族皆知吾人不只血統、思想、文化、宗教相同，即語言亦自古相同，證明中華民族實爲一單純之民族矣。

茲値本會第五屆年會之際，尺子先生願將其研究成果之一部份，貢獻於本會會員；本會亦樂爲之刊印，俾得共同研討。其擬繼續出版有關此一問題之著作，尚有「說文解聲」，亦將列爲本會叢書。

中國邊政協會序

夏語天文三百字蛻化為那些殷文？

夏語分化為漢滿蒙回藏語文的簡史

我國夏商（殷）兩朝原說「烏拉•阿爾泰語」；到甲骨文製作時代，才把「烏拉•阿爾泰語」的全部複聲，用象形、指事、會意、形聲等方法，全盤地或分別地錄下，造成方塊形的殷文即甲骨文㈠。例如 èbügè（祖父）㈡就錄成「亞（è）父（bü）祖（公gè）」四個字，èmègè（祖母）也錄聲成爲「亞母（mè）祖（公）」四個字㈢。

夏（hitat）㈣朝滅亡後，貴族四散，往北邊去的是鮮卑（sibèkčin）和匈奴（sunit）㈤，仍然照舊說着複聲的夏語，四千多年後演變成爲今天的蒙古（monggol）㈥、回紇（hüihèdi）㈦兩個宗族，保存了夏語，並分別造成蒙、回文字；往南邊去的是荊楚，演變成爲今天的西藏即西羌（joo）㈧宗族，仍說周朝簡化的夏語並也造成藏文。

夏朝滅亡以後，伐夏的商（solonggus）㈨朝人即留在中原的夏人，說的話雖然仍是複聲的夏語，行文時却使用由夏語錄聲的甲骨文；並爲簡明起見，把成套的字分開使用。例如呼「亞父祖（公）」則只用「父」字，呼「亞母祖（公）」也只用「母」字，並把「祖」字提到「父」「母」字上，成爲「祖父」「祖母」：於是複聲的夏語，蛻化爲單聲的殷文。

殷朝人說的話，雖然仍是複聲的夏語，久而久之，也就跟着文字的簡化而簡化了。殷朝滅亡後，貴族東遷的成爲宋（solon）㈩人和齊人，東南遷的成爲東夷（doronatu irgèn）⑪，北徙的成爲燕人，燕人更往東北遷的成爲今天的滿洲宗族和朝鮮（solonggus）宗族，都說着簡化的夏語。到春秋戰國和秦始皇時代，一部齊人和楚人殖民扶桑⑫，成爲今天的大和宗族，迄今依然說着簡化的夏語。滿洲、朝鮮、大和三個宗族也先後造成文字，即滿文、韓文和日本文。

周朝興起後，說着更簡化的複聲夏語，用着更簡化的單聲殷文，自然改良了夏語的語法（廢除語尾變化及「例裝句」），二千多年後成爲今天中原通用的漢文：漢文由「烏拉•阿爾泰語族」蛻化爲「漢藏語族（hitat—joo ige 夏藏語）。

以上是筆者先後使用二十餘年的時間，研究我國語文和歷史所得的結論，並逐個認出保存在蒙古語文裡的夏語蛻化成爲那一些殷文（漢字）㊃，正寫「說文解聲」一書，發掘這埋沉了四千多年的夏語，成書還須四五年。近承友人囑咐應先發表一部份，以資參考。適值中國邊政協會召開第五屆年會，因抄出夏語天文詞字三百餘個，前作說明，後加註釋，作爲研究委員會向年會的研究報告之一；並爲天文學者高平子先生七秩晋二祝嘏。

夏語殷文天文三百字對照表的讀法

下列是對照表（「說文解聲」附錄一萬六七千個夏語的一部份），左爲「烏拉•阿爾泰語族」中的蒙古文即夏語；中爲蒙古文即夏語的本義；右爲這種複聲夏語所造成的單聲殷周列國秦漢字，即漢字。這些蒙古文之所以可被肯定爲夏語，主要是基於下列的八種理由：甲、殷文殆有十分之五六乃至七八是這種複聲文字的錄聲字。乙、世界所有語言均爲複聲。我國各地方言迄今仍有複聲。丙、匈奴文、突厥文、回紇文、蒙古文一脉相傳。東西學者已陸續發現上述文字之若干個均與漢文同紐。丁、蒙文中所紀錄之文化、思想、宗教、天文等無不與我國古史所記相同。戊、考古學證明中國人的「更老的老家」在鮮卑利亞及蒙古地方。殷人爲蒙古種。己、「匈奴、其先祖夏后氏之苗裔也」，見於史記。樂彥括地譜云：「夏桀無道，湯放之鳴條，三年而死。其子獯粥妻桀之衆妾，避居北野，隨畜移徙，中國謂之匈奴。」見唐朝司馬貞史記索隱。庚、蒙滿大多同語，而滿已經證明爲殷人；蒙藏語基本相同，只有繁簡之分，藏亦經證明爲荆人；日語出自滿語，滿語出自蒙語，此爲日本學者所發現，而日語詞彙與漢文相同。辛、蒙漢人同爲「蒙古利亞種」。筆者已先後發表「夏朝的語言」、「甲骨文的秘密」、「蒙古的語言」和「夏語殷文干支源流考」等文，並在拙著「孔孟治兵語錄」和「謀略戰」兩書，分別說明和引證，請作參考。將來「說文解聲」出版，更足資以考信。就只看下表的字與詞，除二十八宿的一部份及七曜㊄等少數字殆是藏文或梵文，筆者現尚無法解聲之外，其餘所有的蒙文即夏語無不一一造成漢字，這也就是三百多個證據了。

蒙古文原文寫出，除少數蒙漢學者外，無人認識，也無法印刷，所以本表採用韓穆精阿先生「蒙和辭典」的拉丁字母註音，凡通英文字母讀音者都可讀出。但有兩點應該說明的事：甲、所有字母均讀英文的本音，如a 發「阿」的音，b發「波」的音；只有ë發北平音「餓」，ö 發「倭」音，ü發「臥」音，ɑ

a有声無韻
b複声古於單声
c「礼失求諸野」——敘
處偏地區之語言文化亦古

發「吃」音，š發「沙」音，ž發「角」音。乙、各字次序全依蒙文字頭（王字）的次序。

下表右方所列漢字，只念聲母（紐）。因爲漢字在東漢以前，除詩經韻脚字之外，大都只念聲母，並無韻母。這一看許慎「說文解字」只載某字某聲，並無某音，即對詩經韻脚字也只記其聲，不載其音，可以證知。蓋今之所謂音，係東漢到唐朝的讀音，即在聲母之下加以韻母，不像東漢以前的商周秦各朝的只念聲母了。例如「年」字，夏語念nasu（造成殷文年、歲二字），在anisha（世，見下表第一行）一詞裡，na聲轉爲ni聲，至殷周秦時也應念na或ni；今天却念ni+an，即ni聲加以an韻了。更例如「音」字，夏語念ėgėsik（音響），ė聲造成殷字「音」，念ė；今天「音」字却應念ė+in，即ė聲加in韻了。漢字古聲（夏聲）均在「說文解字」中保存完好。讀者請備此書，以讀本表。如以今天漢字的讀音，讀本表右方的漢字，便不免杆格不入了。

研究法之一——識字解聲

或問：「讀了對照表後，想要請問，何以知道夏語某聲造成某一殷字？例如何以知道 nasu（年）造成『年歲』二字？何以知道mantoiji（開始）、dumdatu（中間）、sėgül（末尾）造成『孟』、『中』、『叔、季歷』五字？何以知道 tėkri（天[redacted]）造成『天』、[redacted]『乾』、『太一』、『錢來』、『祁連』、『穛黎』、『騰格里』等詞字」？我的答覆：「這是使用科學方法而長期辛勤研究出來的。」我所謂科學方法，是下列四種方法和進行步驟：

甲、識字解聲——筆者從民國二十一年開始學習蒙語，二十四年正式攻讀蒙古文語，二十八年到三十四年主持蒙漢合璧的報紙；先後十四個年頭沒有離開蒙古地方，結交了成千成百的蒙古朋友，看蒙古文，說蒙古話；近五年來，授課之暇的全部時間都在溫習蒙古字，逐字對勘四種蒙文字典：以此種種因緣，對蒙古字認識得比較精熟（作文會話則因記性已壞，不敢涉想了）。有些字爲蒙古朋友習用而不知其誤者，筆者都可以爲他指出。例如蒙胞呼「月」爲 sara，至少已有六七百年。經筆者研究考證，知道 sara 是月份的「月」，此字爲殷文「星律」的來源；至於日月之「月」，原爲ir，此字造爲「夜」、「月亮」三個字：蓋在甲骨文中「月」、「夜」同文同語（參看董作賓先生「甲骨學五十年」一三八頁），古並音臥，今閩南語猶保存此音——「月華丸」念「臥華丸」。誠如「黑龍江外記」作者長白西淸所說：滿蒙語「聽之旣熟，覺其中皆雜漢語」。在二十多年前，筆者遵從師說，以爲蒙語中的漢音都是從漢人學去的；五年以來，才漸漸證實：有些蒙語確是從漢人學去的，如bir（筆即不律）是殷以後的漢字，ča（茶）是唐以後的漢字，bis和ban（布）是有棉花以後的漢字；但其聲節多到三四個或六七個以上而聲紐又全同於漢語（古聲）的，就不是從漢語學去的了。例如 ubadislamui（跳神、跳鬼）聲節多至六個，arsalang（獅）多至四個，hihé garodi（藍色的神鳥鳳凰之屬）二字聯文多至五個聲節，在通習語文學的人，一念便知這是遠古傳留下來的複聲語了。如說這種複聲語也是從漢人學習去的，那麽就證明漢人在古代也說複聲語了。這樣將現存一萬六七千個蒙古字詞全盤分析歸納，得知除一二百個漢音字是殷周以後從漢人學去的以外（而這些漢音字却又大部份是由夏語即古蒙古語簡化而成），其餘都是蒙古自夏朝承繼而來的語言；這些語言的聲(紐)無不一一和古漢語脗合（並和滿、回、藏、韓、日、泰、越、緬……部份相同）。例如漢語稱「年」爲「歲」，稱「歲」爲「年」；而蒙語稱「年」、「歲」爲 nasu。吾人試反覆念之，即知 nasu 便是「年歲」，不過只有聲母並無韻母而已。漢語四季均分爲「孟」、「中」、「季」；蒙語則稱冬季十月份爲 mantoiji sara，十一月份爲 dumdatu sara，十二月份爲 ségül sara。吾人對照反覆念來，必知man即「孟」，du即「中」（中、古音動若頓）sé 即「叔」，gü 即「季」了。至於 tèkri 之 tə 造爲「天」[redacted]，k 造爲「乾」（乾爲天），kri 譯爲「錢來」（見山海經西次三經）又譯爲「祁連」和「橖黎」，téi 譯爲「太一」（楚辭），tèkri 譯爲「騰格里」，只要識字解聲，熟能生巧，細念便知。精通拉丁文字者，來聽英、法、德文，無論音轉變化如何，他能一聽即知某一英、法、德文字出於某一拉丁文字。蒙文就是黃色民族的拉丁文，通蒙文者可以聽懂亞洲各種語言。反之，精通漢文古聲，亦可以聽懂滿蒙回藏的語彙。——這是第一步的方法。

研究法之二——考義證史

乙、考義證史——上述「識字解聲」純屬實驗主義；但根據筆者經驗，知只用此方法，不無危險。例如念慣 bir 即知它是「不律」，讀熟 ča 也知它是「茶」，從「筆」的發明史（殷朝有筆）和「茶」的輸入史（唐朝始有茶），知道這兩字滲入蒙語的時間，斷定這是蒙襲自漢；但有些蒙古語之複聲簡單者，雖和漢字同一聲紐，却難斷誰襲自誰。例如 jil（年）一字，五年前識爲「期」，是周朝的「年」字，古音爲「機」，自是 jil 的對音；但如確爲「期」字，則蒙古之 jil 可能襲自周朝的「期」。三年前詳查書經，才知道堯典以「朞」爲「年」，文云：「朞，三百有六旬有六日」，則「朞」爲唐朝字，在夏朝以前，可知 jii 一字不是蒙襲自漢，而係周人根據夏文——古蒙文的書籍紀錄 jii 聲而造出「朞」之一字了（書經商書以前各篇，均係周人根據唐、虞、夏三朝所用古文——古蒙古文即夏文所寫之書，翻譯而成）。其後又知「朞」爲「期」之初文，兩字均从月，其聲；又知「載」爲「朞」之假借。以上說明：如純依實驗主義把 jii 釋爲「期」字，則成爲蒙襲自漢（周）；經長期詳考其古文，證以歷史，才知唐夏語之 jii 造成周文之「朞」，歧寫爲「期」，又借爲「載」，而成漢襲蒙——夏語蛻化爲殷文了。現從蒙古語中認出近萬的漢字，均經一一嚴格考義、證史，五年來翻破幾種爾雅、說文、纂詁、康典、辭海、經、史、子、集，才得出殷文（漢文）出自夏語（蒙語）的結論。這一步驟是崎嶇艱苦的。但一字得解，却也引起會心的微笑，這微笑大約不少於萬次了。憑這微笑，使筆者度過這艱屯寂寞的五年！——這是第二步的方法。

研究法之三——知俗明化

丙、知俗明化——「識字解聲」使我們約略得知某一蒙語爲某一漢語之語源即某一夏聲造成某一殷字；然後再經過嚴格地「考義證史」，便進一步得以確定某一殷字出自某一夏聲。此下還有一步工夫，即須證以古今中原邊疆文化、風俗。例如 ubadislamui 一字，蒙文本義是跳神、跳鬼。吾釋 u 爲「巫」，ba 亦爲「巫」，bas 爲「方士」，dis 爲「道士」，sa 爲「覡」，samui 爲「羨門」、「司命」、「桑門」、「廝乜」、「薩瑪」、「薩滿」，la爲「靈」，lamui爲「喇嘛」：盖以「巫」爲我國自古迄今漢滿蒙回藏……各族的共同宗教，夏殷周稱爲「巫」，或音 u，或音 ba，又稱爲「覡」，又稱爲「靈」，戰國中原稱爲「方士」，秦朝幽燕稱爲「羨門」，荊（楚）人亦稱爲「羨門」（宋賦），又稱爲「司命」（屈賦），荊人西遷入藏稱爲「巫」，音 bon 即 ba 之音轉，近代藏人即荊人又稱之爲 blema 即「巫喇嘛」，漢朝稱之爲「道士」，鮮卑人稱之爲「桑門」，西夏人稱之爲「廝乜」，近代滿洲人稱之爲「薩瑪」或「薩滿」，蒙藏人均稱之爲「喇嘛」。此一夏語雖然分化爲十二個詞字（「西王母」當即「覡門」），但它的教義之爲降神、逐鬼、招魂、治病則歷五千年遍全中國通五大宗族而始終不變。「巫」又寫爲「王」字，政教不分，這是伏羲氏、少典氏、神農氏、軒轅氏、顓頊氏時代的事；到今天西藏達賴喇嘛仍然政教不分。「巫」最古的經典之一爲「山海經」，人面龍身，亂神怪力；迄今仍然供奉於蒙藏召廟之中。荊「巫」之「排神歌」「招魂曲」，經屈原修改成爲「九歌」「招魂」；迄今邊疆喇嘛跳神跳鬼時仍在唱

「排神歌」，滿洲鄉村蒙古胡同冬烘先生不是仍爲東家小兒寫「拘魂單」麽？若不熟習文化風俗，無法確定 ubadislamui 之被造成如許詞字。又如釋 arsalang 爲「龍」，釋 hüh:di (h:h: garodi或karodi) 爲「鳳凰」(hühé)，也是除了「識字解聲」、「考義證史」之外，並用「知俗明化」之法。按：三代銅器都有「亞」紋和「螭」紋，經史子集多見「山龍」(虞書)和「龍」，直到今天臺胞仍在舞龍，藏胞更高舉雙龍(獅子)旗反共抗暴。唐宋以後所見龍圖，金甲滿身，似虵而有角有足。據說牠能興雲作雨，變化莫測，或潛在田，忽見在天。至於「鳳凰」，商頌稱之爲「玄鳥」，奉爲祖先；山海經呼之爲「青鳥」，乃西王母所使，三「青鳥」且各有名字；孔子也對牠特別懷念而有「鳳鳥不至」之悲；楚狂則認孔子爲「鳳凰」而說「鳳兮！鳳兮！何德之衰？」有史以來「龍」「鳳」成爲不可分開的伉儷(holbaga)，從「龍鳳呈祥」到「游龍戲鳳」，都是家喻戶曉：可惜誰也不知牠倆究竟是什麽模樣，只亂傳了二三千年。民國二十五年筆者導演三幕蒙裝的新劇，劇詞中的十二屬肖(星)鼠、牛、虎、兎、蛇、馬、羊、猴、鷄、狗、猪，均一一考出蒙漢對音對義的詞字，搬上舞臺；唯有「龍」在蒙語念 luu，我只有以「鹿」對之，蓋以兩字同音，而「鹿」有角有梅花，也形似「龍」之有角有鱗(後知漢朝已有此說)。直到四十七年七月才認定「龍」由 arsalang 的 lang 聲製造成字，這一夏語全部聲韻造成「亞螭山龍」。先是，筆者認爲埃及金字塔下「人面獅身像」似乎就是山海經上的「人面龍身」神，所舉證據如希臘十二宮的「獅子座」名 felis leo，這「leo」字和「龍」字對音，「獅子座」殆即我國十二屬的龍星；又如舞龍，舞獅，均以火球爲前導，似乎這兩種舞踊出於一源，等等。其後，蒐集古代龍圖，如武梁祠石刻、敦煌「看雲氣圖」、敦煌天花板等「龍」，看出時代愈古，「龍」愈像獸，尤其敦煌天花板的「龍」逼眞是「獅」。以上還是屬於史證方面。關於文化風俗方面，我看到蒙古人對於「龍」並沒有類似中原的種種神化說法，也沒有崇拜牠的習慣；反之，喇嘛教的佛像上無不繪有獅子和孔雀，奉之爲神。筆者想到蒙古喇嘛教本和古代中原的巫教同源，則中原巫教所崇拜的「龍」「鳳」可能和獅子、孔雀有關。直到苗語專家李霖燦先生携回紐約都會藝術博物館所藏北魏(鮮卑)鎏金佛像攝影，發表在大陸雜誌十七卷第一期封面(四十七年七月十五日出版)，左「龍」右「鳳」，實際看出左爲獅子右爲孔雀。這個一千五百年前的實物造像，既然完全證實了「龍」確是「獅」，也聯帶證實了「鳳」確是孔雀。——這是第三步的方法。

研究法之四——依條按理

Mairok 造爲考、老、孝

丁、依條按理——專心研究夏（蒙）語殷（漢）文五年，逐次發現四千年前到二千年前之間由夏語造成殷文，約有十項（實際還多）條理，也就是十個原則：一、把所有夏語，依象形（例如 ėtür 繪爲日，ür 繪爲月）、指事（例如 sanamui 造爲思，田在心上）、形聲（例如 ulagan 造爲絀、紅，絀、昷聲，紅、工聲）、會意（例如 tɜ̆kri 造爲天，從一、大，大亦聲）、轉注（例如 bühügil 造爲「弁、庇護綸」，而「綸」發關、侖兩音即「綸」巾之「綸」，由 gü 聲則念關，由 l 聲則念侖）、假借（例如借「載」爲「朞」）六種方法，造爲殷字，其後周秦列國無不造字，所謂「古今字」。二、夏語全部聲節均造成殷字，如 arsalang 四個聲節即造成亞、螭、山、龍四個漢字，故漢以前漢字只有聲（但無四聲）而無韻。三、僅取第一聲（節）造成一字，例如 ėtür 只採 ė 聲造爲日字，是謂之文，北方念「日頭」，陝湘念 ėr，是謂之語（當即孔子所說的「雅言」）。四、僅取全部聲（節）中的重聲（英文所謂重音）造成一字，例如 nigė 由重聲 gė 造爲甲字，hoyar 由重聲 ya 造爲乙（參看筆者所作「夏語殷文千文源流考」第三表）。五、由幾個聲節中擇取一二個聲節造成一詞，如[redacted]中 b[redacted]、s[redacted]造成「房、心」及「扶、桑」，danista 中之 da、s 造成「顚、頊」，arigun uhiyul 中之 gu、hi 造成「姑、洗」，alaksumui 中 la、su 造成「離、騷」。這當爲周、楚之文。六、蒙文子母相拼，演出現存一萬六七千字；但拼法並不十分嚴格，例如「父」由 abaga 之 ba 聲所造，而祖父之「父」却由 ėbügė 之 bü 聲所造，同爲「父」字，得用 a、ü 兩個母聲。七、子聲 h 和母聲 i 相拼之 hi，造成殷字後，多聲轉爲 si，如 hitat 的 hi 造成「夏」字，hi 聲加韻 a 念成「呼雅切」的「夏」；但「夏」成爲殷字後可念爲「系亞切」的「夏」就是 sia，即由 hia 音轉爲 sia 了。h 聲由夏語造成殷文後，也有變成 k 聲的例，如 holbaga（配偶）、holboga（婚約）造成「伉儷」，「伉」爲「杭」聲，但念爲「抗」聲；更多變爲 f 聲，如 hi（鳳）變爲 fü。八、子聲 g 在蒙文裡也有時聲轉爲 k，例如 garodi 就又念 karodi，念 garodi 則由 ga 聲造成鴻鵠的鵠，若念 karodi 則由 ka 聲造成孔雀的孔了。鳳凰在孟子口中呼爲鴻鵠，在漢以後呼爲孔雀，秘密就在這 g 可變 k 的地方。九、母聲七個演出的蒙語約佔四分之一，其第一聲有不少倘似未造成漢字，如 aburi 的 a 就並未成字，只由 buri 造成「暴戾」二字。a、ė 多做敬語使用，如 abaga（父）之 a、aba（兄）之 a，都造成「阿」字成爲「阿父」「阿兄」（兄古音荒）。母聲 o 亦有時用作敬語，如 oton（星）之造爲「阿斗」。十、g、j 兩個子聲，在漢語中當於「歌」（g）「脂」（j）兩母，小學家謂其相通；但在蒙文中則不完全相通。推之可知，在夏商周時，「歌」、「脂」亦當迥然有別。——這十項條理發現後，依條按理對勘夏語殷文就容易多了，去年若每天工作八小時，只能查出一二十字，今年若每天工作六小時，就可查到百十個字了。到了最近，幾乎所見極古的漢字，只要我曉得它的古音古義，就都可以在蒙文字典中找到它的語源了。例如「顓頊」二字極爲古老，只知它是古帝古星之名，現在也可以確實指出它是由 danista（虛宿即顓頊之虛）一字中的 da、s（顓、耑聲，頊、斯聲）而造成的。——這是第四步的方法。

上述這四種方法，逐步進行，使筆者可以知道夏語某聲造成某一殷字。

本表蒙（夏）文天文三百字製造的時間

或又問曰：「此表所列三百多個天文詞字，以及『說文解聲』一萬餘字，都是四千年前夏朝就有的麼？」我的答覆分爲三點：甲、有些天文詞字及普通詞字確是夏朝就有的，而且有些詞字更是夏朝以前的，如「日」（ėtür），如「月」（ür），如「朞」（jil），如「郊」（jam）均見堯典，這是唐朝的字，較夏朝爲尤古。乙、有些天文詞（非字）及普通詞（非字）史實證明起於夏朝以後，且於近二三百年才經蒙人譯成蒙文，但所用的蒙文仍是夏朝的原語，並非蒙人所自造。例如陰曆分大月（三十天）小月（二十九天），這是後起，通行至今。蒙文大月念 sara yėhė（造爲「星律、殷皇」四字），小月念 sara baga（造爲「星律、卑（少）」四字，這當然是近七百年蒙人依照中原的時憲書翻譯過去的；但 sara yėhė baga 三個字自是夏朝的語言，因爲這在前面說過：「殷文是這種複聲文字的錄聲字」，這三個字早都造成殷文了。丙、天文字中純粹由漢音漢義譯成蒙文者僅有十二宿中的 luu 即「龍」字，這因爲漢朝以前蒙古學者翻譯十二宿時也已不懂「龍」就是「獅」了；但 luu 仍是夏語 arsalang 的 lang（聲轉。何以知道十二宿譯成蒙文時在漢朝？這因爲「龍」在東漢以前依例只念聲母，沒有韻母，故譯爲 luu 而不譯爲 lung。

殷朝「文改」的後果

筆者在專心研究夏語殷文五年之後，發生無限沉痛的感想——

由複聲的夏語造成單聲的殷文；更在聲母下邊加以韻母，演出四聲乃至六聲；並由「烏拉・阿爾泰語」法變成漢語語法，進化成爲今天的漢字漢語，致周秦以後的漢語漢文，除語彙（詞）的聲紐之外，其語（文）法、語調與夏語——「烏拉、阿爾泰語」完全異樣，這是一種長期的「文改」。這一「文改」改變了中國歷史：就是中國由一個純一的夏族分化成爲歷史上許多宗族及今天漢、滿、蒙、回、藏、苗、傜、卑利亦粟特（sogdian）？

僮、夷、韓、日、泰、緬、越以及芬蘭、匈牙利、通古斯、愛斯基摩、印第安……種種宗族，四千年來互不相認，打過幾千百回大戰。

近十年來，我們又看到僞組織的「文改」！設想若千年後，大陸的「簡字」，我們不認識了，我們的漢字，他們也不認識了，若不發生「高宗伐鬼方」（殷打北夏）㊄和「靡室靡家，玁狁之故」（北夏打周）的悲劇才怪呢！

余之生眞也太晚了！如果能在殷朝作一貞人，將夏語和殷文的關係刻在甲骨金石上，昭示邊疆各宗族，告以夏與殷不僅同祖（少典氏）、同血（所謂蒙古利亞人）、同教（ubadislamui），而且同語；並埋入殷墟，到三千年以後的今天被掘出土，則中國歷史一定會是另一番面目。不幸生在三千餘年以後，從蒙古文中發掘夏語，由於蒙、漢字中都滲入另種語言並各自造成新的語彙，兼之漢字列朝列國古今字變化孳乳和聲轉都很大，工夫用起來眞是太難了。好在蒙古字把夏語保存在冰箱裡，寒沙 冰漠（müsü）㊅，大體上冷藏得很好，讓我來努力挖下去罷！

中華民國四十八年夏曆八月七日即陽曆「重陽日」（yisün ɣara in yisün）㊆完稿於隱兵室。

鏐璗

玉藻：「一命，縕韍幽衡。」鄭注：「縕，赤黃之間色。」

註一　此處所謂「烏拉・阿爾泰（緼・[redacted]）語」指今天滿蒙回藏所用語文之共同部份而言。滿蒙語文相同者頗多；回語中保留蒙古語約十分之二三，其餘爲阿拉伯語，此爲一〇〇九年以後之事，以前純說蒙語。藏語即荊（楚）語，近千年來滲入梵語不少。

註二　本文所註類似英字的註音字，都是蒙古語即夏語。

註三　「亞父」迄項羽時仍沿用，羽稱范增爲「亞父」即「阿爸」。古代很少輕唇聲（f），故「父」念 bi；加頭 a，音轉爲「爸」（büa）。

註四　hitat 爲蒙古人以稱漢人之名。在蒙文字典中，此字左右全無依傍，故爲極古老之專名。余釋此爲夏朝之夏的語源，即 bi、a 造成夏（呼雅切）字，音轉爲漢（hian）。今之漢水、漢口，在春秋時代呼爲夏水、夏口；蒙語 hiyaban（麻線所織之布）在三合便覽正亦釋爲「夏布」。

註五　鮮卑，山海經譯爲胥比，禹貢譯爲織皮，周書譯爲紕[illegible]，楚詞始譯爲鮮卑，云：「小袖秀頸，若鮮卑只」。原文爲 sibǝkčin，已造成「使婢」二字，正是楚辭所指者。匈奴，呂氏春秋譯爲叔逆，地望相當今察哈爾省錫林格勒盟之蘇尼特旗（sunit）。大約秦漢時此一種姓

註六　領導北夏（北假），故南夏以種姓之名稱其全體。

蒙古，周書譯爲貌胡。胡、古聲，即周時念古。莊子譯爲蒙穀，淮南子譯爲蒙谷，唐書譯爲靺鞨，宋朝始譯蒙古。

註七　回紇又譯回鶻。此部北夏人自名爲hühė garodi（karodi），夏語原義爲藍色的鳳凰。hühė garodi 簡稱爲 hühėdi。唐朝譯 hü、ga 爲回鶻，又譯 hühė 爲回紇。早在殷周時，hühėdi 已造成鳳凰翟三字，鳳凰簡稱鳳，翟又造爲狄、代、韃等字。garodi 亦造成鵠[illegible]翟三字。詩經呼爲玄（hü）鳥，孔子呼爲鳳鳥，山海經呼爲青鳥，孟子呼爲鴻鵠。後又呼爲孔雀，孔由 ga 聲轉 ka 聲而來。今有此物，惜孔子不及見矣。

註八　西藏自稱 joo-ba，依人種、語言、宗教、神話及移殖路線研究，joo即姜、羌、荆（joo-ing）人。荆人於公元前四世紀由湖北西遷，故語文較夏語爲簡，較漢語爲繁。其後滲入許多梵字。參看拙文「西藏在國史上的地位」。

註九　商爲城名，殷亦城名。茲以 solongos 釋商，念「商固始」。韓非子說林上篇：「周公旦攻九夷而商盖伏」，「商盖」即此「商固」。此乃蒙古人呼朝鮮人之名，而朝鮮人實以殷人爲基礎。

註十　茲釋 solon（晉譯索虜，清譯索倫，索倫說滿語即韓語）爲宋，考證見拙文「長白西清和他的黑龍江外記」。

註十一　茲釋 doronatu irgėn 爲東夷。do 造成東字，ir 造成人字和夷字，irgėn 造成夷庚（左傳「塞夷庚」）一詞。此證實傅斯年「夷夏東西說」東爲族名之說。

註十二　此採衛挺生先生說及筆者對於日齊楚同語之研究。扶桑，一作扶桑木，係由東方[illegible]尾[illegible]舍（宿）的夏語連文錄音而來，原文爲[illegible] mul oton，其中b[illegible]、s[illegible]、mu 三聲造成扶、桑、木三字。此諸舍分野（東及北）有一山，即依星座命名爲釜山（[illegible]山），在今鮮卑利亞境內，漢武帝兵力曾達其地。

註十三　由夏語錄聲造成的漢字，現已查出萬字（多重複者）。

註十四　我國古以日月及火水木金土五星爲七政，周人所譯夏文的易經更有七日來復之說，巫教即道教也重視七日一期（週）：俱見夏商周時七曜必有專名。現蒙文七曜均未造成漢字，此倘非因殷朝以旬代週，故未造字；即是筆者限於學力，不能找出七曜的古字（將來可能由藏文中找出）；或蒙文七曜係別種語言？待問。

註十五 北夏即史記「陰山北假中」之北假（batu hitat）。茲將北假復原爲北夏，即知匈奴實爲北夏。殷朝時，北夏被稱爲鬼方，可能係回鶻之鶻（ga），亦可能係蒙古之古（go），方係地方。

註十六 漠，係由músú之mi所造之字，本義爲冰。莫斯科原音爲miskėwa，乃冰河套、冰河窪之義。名爲匈奴所命，地爲匈奴所居。kwa造成河窪二字。

註十七 yisún爲九；殷朝造爲壬字，義同（壬即九）。周朝造爲陽字，故周易陽爻稱九。yisún sara in yisún義爲九月九；中原人則稱爲重陽節及重九節。

夏語殷文天文三百字對照表

夏(蒙)	語本義	殷(漢)文
~~anisha~~	世	阿(a)年(ni)世(s)限(ha)
abitzu oton	牽牛星	阿(a)扁(bi)擠(tu)阿斗(oto)
ašudani	婁宿（降婁）	阿(a)降(śu)
ayungga	雷	阿(a)霣(yung)㊅
arigun uhiyul	姑洗、三月	阿(a)理(ri)姑(gu)渝(ū)洗(hi)㊄
arilomui	晴	阿(a)青㊉、麗(ri)落(lo)𣅌(mui)
arilgatu nėrėtu ėtür	除日（黃道日）	阿(a)理(ri)慝(ė)日(ė)
arga	陽	阿(a)剛(ga)公（公母之公ga）
arga in ularil	陽曆	阿(a)剛(ga)運(u)曆(ri)
anjisu un hosigu	天豕星㊂	

anghan oton	太乙星	先 (ha) ㊂阿 (o) 斗 (to)
anghan nu čagan nigudal	初伏	先 (ha) 蒼 (ča) 皓 (ga) 匿 (ni)
anggarak	火星	熒惑 (angga—ingha)
aslis oton	柳土獐	阿 (a) 柳 (li) 阿 (o) 斗 (to)
altan gatasu oton	北辰星	阿 (a) [illegible] ([illegible]ta) 楨 (ga) 阿 (o) 斗 (to)
ėgülė	雲	雲 (ė) 日 (ė) 過 (gü) 蕊 (lė)
ėbül	冬	日 (ė) 閉 (bü)
ėbül ün sėgül sara	冬之尾月 (十二月)	叔 (sė) 季 (gü) 星律 (sara)
ėbül ün dumdatu sara	冬之中月 (十一月)	仲、中 (du) ㊂
ėbül ün mantoiji sara	冬之首月 (十月)	孟 (man) 冒頓 (mantoi)
ėtügė	今	日 (ė) 今 (gė) 光 (gė)
ėdür	日	日 (ė) 日頭 (ėdü) 日 (ėr)
ėdür türi	正午	日 (ė) 端 (tü)
ėdür yiėr	白晝	日 (ė) 暘 (yi)
ėmünė	南	日 (ė) 漠 (mü)?南 (nė)
ėmünėtü türi	南極	日 (ė) 漠 (mü)?南 (nė) 端 (tü)
ėmünsi jigahu tėrgė	指南針	日 (ė) 南 (n) 鯽 (j) 指 (j) 軑 (tė) 大輅轂 (tėrgė)
ėjėlėkči nėrėtü ėjėn	黑道日	日 (ė) 建立 (jėlė) 躡 (nė) 朕 (jėn) 日尊 (ėjėn)
ėrhėtü	帝	河圖 (hėtü) ㊂帝 (tü)
ėbtėkči	破神 (黑道日)	日 (ė) 敗、破 (b)
isu (yisü)	九	壬 (i、yi) 陽 (i、yi)
ijėgėlėmüi	瞀	隱 (i) 瞀 (jė) 噛 (müi)
ilėgün sara	閏月	閏 (i) 星律 (sara)

iči	右	右 (i)
irėhụ jil	來年	聿來 (irə̇) 翌 (rə̇) ~~[illegible]~~ 朞 (ji)
ohi oton	紫樞	紫 (hi) 阿斗 (oton)
oton	星	阿斗 (oto)
oton oron	星宿	阿斗 (oto) 屋 (o)
oton nu gə̇r	星座	阿斗 (oto) 國、家、宮 (gə̇) 昆侖 (gėr)
oyodal un ėmúnėhi oton	織女星	祐 (yo) 日 (ə̇) 南 (nə̇) 斗 (to)
on	歲	
on nú tėkri	歲神	天 (tə̇) 乾 (k) 太一 (tə̇i) 錢來、祁連、撐黎 (kri)、滕格里 (tčri)
oktorgui	天空	乾 (k) 錢來 (kri) 空 (gui) ㊁
uniyər	霧、嵐、霜	霧 (u) 霜 (ni) 燭 (ya) 嵐 (r)
usư	水	滂 (u) 水 (us) ㊄
usun oton	水星	滂 (u) 水 (su) 烏孫 (usun) ㊀阿 (o) 斗 (to)
utirabatlrobat	壁水貐	
utirabalguni	翼火蛇	翼 (u)
utirasat	斗木獬	
ulagan	赤、十干之丙	緼 (u) 紅 (ga) 紺 (gan)
ularil	季、時令	運 (u) 曆 (ri)
ulakčin	十干之丁 (淡紅)	緼 (u) 淺 (čin)
umara	北	
ȯrȯgėsün sara	奇數之月	奇、鰥 (gə̇) 數 (sủ) 星律 (sara)
ủhėr	牛、丑	牛、物 (ủ)
ủhėr ėjilėksėn jil	丑年	牛 (u) 建 (ji) 立 (lə̇) 朞 (ji) ㊅
ủhėr sara	牛月 (五月、十二月)	牛 (u) 星律 (sara)

u̇hu̇l u̇n éjən	恩神	禍 (hu̇) 日 (ə) 尊、君、朕 (jən)
u̇dė	午	午 (u̇) 日 (ė)
u̇dė in hiri	正午時光	午 (u̇) 時、頃 (hi)
u̇dė in ėmu̇nė	午前	午 (u̇) 日 (ė) 漠 (mu̇) 南 (nə)
u̇dė in hoina	午後	午 (u̇) 後 (hoi)
u̇dė bolomui	直到午	午 (u̇) 迫、逼 (bo) 落 (lo) 嘛 (mui)
u̇dési	晚	晚 (u̇) 西、夕 (si)
u̇dėsi in hiri	傍晚	晚 (u̇) 西、夕 (si) 時、頃 (hi)
u̇dəsi bolomui	直到晚	晚 (u̇) 西、夕 (si) 迫、逼 (bo) 落 (lo) 嘛 (mui)
u̇dėsi bu̇ni	每晚	晚 (u̇) 西、夕 (si) 備 (bu̇)
u̇ču̇gėdu̇r	昨	昨 (ču̇)
u̇rəlgétu̇	天赦日 (每月初八)	
u̇ru̇nə	西	屋漏 (u̇ru̇) 南 (nə)
u̇r in haranggui	黎明前黑朧朧	夜 (u̇) 月亮 (u̇r) 黑 (ha) 黎 (ra)
u̇r in hiraga	黎明	夜 (u̇) 月亮 (u̇r) 曉 (hi)
u̇r in čaimui	夜明	夜 (u̇) 月亮 (u̇r) 晨 (čai) 嘛 (mui)
u̇rlu̇gė	朝	夜 (u̇) 月亮 (u̇r) 落 (lu̇) 朝、早 (gė)
u̇rlu̇gė u̇dəsi	朝夕、早晚	夜 (u̇) 落 (lu̇) 朝 (gė) 晚 (u̇) 夕 (si)
u̇rlu̇gė bu̇ri	每朝	夜 (u̇) 落 (lu̇) 朝 (gə) 備 (bu̇)
u̇rlu̇gėgu̇	傍早	夜 (u̇) 落 (lu̇) 朝 (gə)
u̇nggėrəksėn jil	去年	往、蹤、越 (u̇ng) 春 (ji)
u̇ljeitu̇ étu̇r	上元	娛樂 (u̇l) 日 (ə)
nasu	歲	年 (na) 歲 (su)
namur	秋	年 (na) 目 (mu)

nara	太陽、日	陀、晲 (na)
naran nu hėmnėgür	太陽測量表	陀 (na) 衡、候 (hə̇) 臬 (nə̇) 晷、圭 (gü)
naran bərimui	日蝕	陀 (na) 捕 (ba) 暆 (mui)
naiman sara in tėrgėl ėtür	中秋節、八月節	團 (tė) 圞 (r) 日 (ė)
nėgėkči nėrėtü ėjən	黃道日、開日	捌開、啓 (nə̇、k) 懇 (nė) 尊 (jən)
nigüdal	三伏之伏	匿 (ni) 過 (gü)
nidünün	去年㊄	
nima garak	日曜日	
nishü oton	流星、星移	飛 (hü) 斗 (to)
nohai sara	犬月（九月）、玄月	獒 (no) 星律 (sara)
nohai jil	戌年	獒 (no) 朞 (ji)
nogogan	甲乙之甲、綠	甲 (go) ㊂
nəhügė ėtür	後日	那 (nü) 後 (hü) 格 (gė) 日 (ė)
nühəgėtür ün nəhügėtür	大後天	那後格的那後格
nükčiksən jil	去年	那 (nü) 朞 (ji)
hagan oton	帝星	后、侯 (ha) 君 (gan) 汗 (hagan)
hagakči nərėtü ėjən	黑道日、閉日	闔 (ha) 懇 (nə̇) 尊 (jən)
hagučin üdėsi	除夕、大晦日	晦 (ha) 舊 (gu) 晚 (ü)
hagučin sara	下弦月	晦 (ha) 舊 (gu) 星律 (sara)
habiju həng	卯月、火鐘	狹 (ha) 旁 (bi) 鍠 (hüng)
hagurai	旱、乾	旱 (ha) 乾 (gu)
habur	春	夏 (ha) ㊂
habur botokči tüsimėl	春官	蔀 (bo) 步 (bo) 度 (to) 徒 (tü) 士 (si)
habur un hohos domda	春分	呼呼 (hoho) 中 (do)
habər un tahil	祀（春祭祖先）	禘 (ta) 祀 (hi)

habɪr un tɨkri	芒神	天 (tə) 祁連 (kri)
habɨr un tèrigùn sara	正月	特 (tə) 頭領 (təri) 星律 (sara)
halahai	暑	暍 (ha)
halagan jam	赤道、熱帶	暍 (ha) 街、郊、州 (ja)
halima	黢	嗐 (ha) ㊂
hara	十干之壬、黑	黑 (ha) 黎 (ra)
haranggui	昏暮、渾蛋	黑、昏、渾 (ha) 黎 (ra) 鬼 (gui)
harakčin	天干之癸	黑 (ha) 黎 (ra) 淺 (čin)
hangsi	淸明節	寒 (hang) 食 (si) ㊂
has un sinjilɨl	玉衡 (古天文官)	珩 (ha) 覗 (si) 計 (ji)
hastu	軫星	珩 (ha) 土 (tu)
hənggərgə oton	牽牛星	河鼓、黃姑 (hègè)斗(to) 星紀斗(hənggè、to)
həm	候、度量	衡、候 (hə) 法碼 (həm)
həi	風、氣	風 (həi) 氣 (həi—si)
həi mori dèlgəhù ètùr	元宵節	風 (həi) 馬 (mo) 大 (də) 日 (è)
hiraga	曉	曉 (hi)
hiragu	霜	霜 (hi)
hiragu unamui	下霜	霜 (hi) 隕、雨 (u) 嘛 (mui)
hirdik	昴日雞	
honi	羊、未時之未	羪 (ho) 羺、羪 (ni)
honi jil	未年	羪 (ho) 羺、羪 (ni) 朞 (ji)
honi sara	六月、且月	羪 (ho) 羺、羪 (ni) 星律 (sara)
hobor jil	凶年	禍、荒、凶 (ho) 朞 (ji)
hosilamui	日珥	暄、環 (ho) 嘛 (mui)
hojim	後、後日、將來	後 (ho) 稽 (ji)

hoyar tůlòb	兩儀、陰陽	乙 (ya) 圖籙 (tůlò)
hora	雨	[illegible] (ho) 霖 (ra)
hora guyahu tahil	雩	[illegible] (ho) 告 (gu) 禘 (ta) 祀 (hi)
horalik	雨神	[illegible] (ho) 禷 (li)
hoina	後、北	後 (ho) 懷 (hoi)
hoisi	後、北	後 (ho) 懷 (hoi)
hoitů	後邊的、北邊的	後 (ho) 懷 (hoi)
hoitů ėtůr	翌日、次日	後 (ho) 懷 (hoi) 日 (ė)
hormosta	上帝	昊 (ho) 天 (ta) 后 (ho) 土 (ta) [illegible]
hulugana	十二支之子、鼠	耗 (hu) [illegible]
hulugana sara	十一月、辜月	耗 (hu) 星律 (sara)
hulugana jil	子年	耗 (hu) 朞 (ji)
huriyakči nérėtů ėjən	收日（黑道日）	穫 (hu) 額 (nə̇) 尊 (jən)
hůhė	甲乙之甲、青、藍	玄 (hů) 鳳凰 (hůhė)
hůhəkčin	甲乙之乙、青	玄 (hů) 鳳鳳 (huhə̇) 青 (čin)
hůbėgůt	子、困敦	孩 (hů) 孤塗 (gůt) [illegible]
hůmůn oton	南極星	漢、夫 (hů) 胡蠻 (húmůn) 斗 (to)
hůitėn	冷	寒 (hůi)
gahai	十二支之亥、豚	豥 (ga) 亥 (hai)
gahai ėjėlėksėn jil	亥年	豥 (ga) 亥 (hai) 建立 (jəlė) 朞 (ji)
gahai sara	十月、陽月	豥 (ga) 亥 (hai) 星律 (sara)
gal	火	熇、膏 (ga) 光亮 (gal) 火 (ga—ha)
gamsik un ėgůsgėl	夷則、申月	怪 (ga) 伊始 (ė、s)
gėgėgėn tėkri	晴天	[illegible]、淨 (gə̇) 天 (tə̇)
gėrė	光	澔 (gə̇) 光亮 (gėrė)

gərəltü oton	景星	景、光、澤 (gə) 斗 (to)
gilogan unamui	星隕	綺麗 (gilo) 隕、雨 (u) 㖒 (mui)
gilogan sara	十一月、辜月	綺麗 (gilo) 星偉 (sara)
gilbaga	日光	光 (gi)
gurban maral oton	伐星	丙 (ba) 母 (ma) 鹿 (l) 斗 (to)
basang garak	金曜日	
batu oton	天極星、北辰	北 (ba) 覇圖 (batu) 斗 (to)
balagan	右、西	
balagansi	右方、西方	西 (si)
bars	虎、寅	彪 (ba)
bars ėjələksən jil	虎建年	彪 (ba) 建立 (jələ) 朞 (ji)
bars sara	正月、陬	彪 (ba) 星偉 (sara)
bəčin	猴、申時	
bəčin sara	七月、相	
bəčin jil	猴年	朞 (ji)
bəyé	身體	覇、魄 (bə)
bəré	里	步 (bə) 里 (ré)
bətėgün	晦日（三十日）	閉、背 (bė)
bilik	陰陽之陰	牝 (bi)
bilik ün ularil	陰曆	牝 (bi) 運 (u) 曆 (ri)
bimba garak	土曜日	
borogan	雨	霈 (bo) 霈霧 (boro) ㊂
borogan arilamui	雨晴	霈 (bo) 麗 (ri) 㖒 (mui)
borogan oromui	下雨	霈 (bo) 落 (ro) 㖒 (mui)
bok	旱魃	魃 (bo)

~~brahasbati~~	~~本星~~	
bot oton	水星	北 (bo) 斗 (to)
bos	鬼宿	魁 (bo)
butang	霧	
burnawašdu	井宿 (東井)	東 (du)
burwabadirabat	室宿	
burwabalguni	張宿	
burwasat	箕宿	~~房心 (bu、sa) 宓羲 (bu、sa) 扶桑 (bu、sa)~~ [illegible]
búhún oton	搖光星 (七星之第七)	備、普、背 (bú) 斗 (to)
búligén jam	濫帶	? (bú) 郊、街、州 (ja)
búhúk étúr	曇天	弁、蔽、庇 (bú) 覆、護 (hú) 日 (è)
saničar	土星	~~填 (sa...)~~
satabis	危宿	
sara	月	星律 (sara) [illegible]
sara in hagučit	月末、下旬、月盡	星律 (sara) 晦 (ha) 舊 (gu)
sara in hésíktú étúr	月教日	星律 (sara) 賀 (hé) 幸、喜 (si) 日 (é)
sara in sinčit	月初、上旬	星律 (sara) 新、朔 (si)
sara hagočiramui	月將盡	合、闔 (ha) 嘛 (mui)
sara hagočin	下弦月	合、闔 (ha)
sara gúičimúi	到月了	歸 (gúi) 嘛 (múi)
sara baga	小月	少、卑 (ba)
sara barimui	月蝕	剝、捕 (ba) 嘛 (mui)
sara búri	每月	備 (bú)
sara siné	新月	新、朔 (si) [illegible]
sara yèhé	大月 (三十天)	殷 (yè) 皇 (hè)
sara habisulumui	初三的月	斜 (ha) 邊 (bi) 嘛 (mui)

sara hüriyėlėmüi	月暈	暈 (hü) ⊡嘛 (müi)
sara čaibagar	月色淡白	蒼、清 (čai) 白 (ba)
saran khirtėmüi	月蝕	虧 (k) 穢 (hi) 吃 (khi) 嘛 (müi)
sain ėtür	吉日	善 (sain) 日 (ė)
sat	計時器、表	
salhin	風	颯 (sa) 風 (hin)
sėgül	尾、末、終、後	叔 (sė) 季 (gü) 歷 (l)
sėgül ün bitėgün	大晦日（三十日）	叔季 (sėgü) 閉 (bi)
sinė	新	新、朔 (si)
sinė in nigėn	朔日、大年初一	新、朔 (si) 甲 (gė)
sinėlėhü ėtür	元旦	新 (si) 樂 (lė) 和 (hü) 日 (ė)
sinėin nigėn	朔日	新 (si) 甲 (gė)
sinėit yiėr	初旬、元旦	新 (si) 曜 (yi)
sinėlgėl ėtür	朔日	新 (si) 日 (ė)
sigüdėri	露	汁 (si) 脂 (gü) 露 (ri)
sigüdėri hiltögėnėmüi	露光閃閃	汁 (si) 脂 (gü) 露 (ri) 閃 (hi) 嘛 (mui)
sigür oton	彗星	掃 (si) 箒 (gü) 斗 (to)
simėrgėn času	粉雪、米心雪	霰、糝 (si) 雪 (su)
sira	黃、戊	騂 (si)
sirwan	女宿	織 (si)
sirakčin	十干之己、淺黃	騂 (si) 淺 (čin)
siroi in oton	土星	斗 (to)
solongga	虹	虹 (ga)
sowadi	亢金龍	
süni	夜	宿、舍 (sü)

súldé oton	勾陳	戍、守 (sů) 斗 (to)
šogara oton	金星	少皞(šǒga) 少昊(šoga—šoha)
šušak oton	氐土貉	
tahiya	雞、十二支之酉	雞 (hi)
tahiya ėjǝlėksǝn jil	酉年	雞 (hi) 建立 (jėlé) 朞 (ji)
tahiya sara	八月、壯月	雞 (hi) 星律 (sara)
tabun mahabot	五行	戊 (u) 满 (ma) 行 (ha) 步 (bo) 度 (t)
tabun jam	五帶	戊 (u) 郊 (ja)
tasurasun nu jalgamji	無射、戌月	彖、斷 (ta) 絕 (su) 接 (ja) 繼 (ji)
taisui tėkri	木星、太歲	太 (tai) 歲 (sui) 天 (tė)
taolai	兎、十二支之卯	兎 (tao)
taolai ėjėlǝksǝn jil	卯年	兎 (tao) 建立 (jėle) 朞 (ji)
taolai sara	卯月、四月、如月	兎 (tao) 星律 (sara)
tėgůs sara	雙月	對 (tė) 就 (gů) 雙 (s) 星律 (sara)
tėgůsgǝl ėgǝsik	南呂、酉月	對 (tė) 就 (gů) 音 (ė) 韻 (gǝ) 響 (si)
tėrgėl ėtůr	望日	團圞 (tėr) 日 (ė)
tǝksi hǝmjiya	水準器、水平	天 (tė) 衡 (hė) 計 (ji) 璇璣玉 (hė、ji、ya)
tǝkri	天	天、帝 (tė) 太一 (tǝi) 乾(k)鑽來、祁連 kri)
		穠黎 (tǝri) 騰格里 (tėkri)
tǝkri oyodal	天河	天 (tė) 袵 (yo) 銀 (yo)
tėkri in ůrėlgǝtů ėtůr	天赦日(初八)	天 (tǝ) 兪 (ů) 日 (ė)
tǝkri in dagun	雷	天 (tė) 調 (da) 歌 (gu)
tėkri in jirohai	天文	天 (tė) 計 (ji) 極 (ji) 限 (ha) 太極 (tǝ、ji) 周(ji)
tǝkri čingǝgėr	天清氣朗	天 (tė) 淸 (čing)
toktakči nėrėtů ėjǝn	定日 (黃道日)	定 (to) 額 (nė) 日 (ė) 尊 (jėn)

tuhiya	日光	太 (tụ) 陽 (ya)
tuya (tuyaga)	日光	太 (tụ) 陽 (ya)
tunggalak ėtür	晴天	曈、彤 (tung) 日 (ė)
tiksikči nėrėtü ėjėn	危日 (黑道日)	禿 (tụ) 險 (sik) 額 (nė) 日 (ė) 尊 (jən)
tülhigėn	潮	推 (tü) 汐 (hi)
danista	虛日鼠	顯 (da) 預 (s) [illegible]
daua garak	月曜日	
dėgėtü sinėtgėl ėtür	元旦、上朔日	大 (dė) 新 (si) 日 (ė)
dėlgėr	滿月	大 (dė) 昆侖 (gėr)
délgėr ėtür	每月初八	大 (dė) 日 (ė)
dologan oton	北斗七星	斗 (do) 庚 (ga) 斗 (to)
dologan ėbügėn	北斗七星	斗 (do) 庚 (ga) 亞父祖 (ėbügėn)
dologan burhan	北斗七星	斗 (do) 庚 (ga) 佛 (bu) 佛羅漢 (burhan) [illegible]
dologan karak (garak)	七曜、七政	
dolona	東	東 (do)
dulagan	暖	
duliya	雲	雲 (ya)
dumdatu ėgėsik	中呂、巳月、四月	中 (du) 音 (ė) 韶 (gė) 響 (si)
dumdatu hük	黃鐘、子月、十一月	中 (du) 穌 (hü)
dumdatu bilik	中呂、巳月、四月	中 (du) 牝 (bi) 呂 (li)
dumdatu nigudal	中伏	中 (du) 匿 (ni)
labsu	雪	臘 (la) 雪 (su)
luu	龍、十二支之辰	龍 (luu) [illegible]
luu ėjėlėksėn jil	龍建年、辰年	龍 (luu) 建立 (jėlė) 朞 (ji)
luu sara	三月、辰	龍 (luu) 星徭 (sara)

managar	明朝、翌	明 (ma) 格 (ga)
manan	霧	
mahabat	五行之行	滿 (ma) 行 (ha) 步 (ba) 度 (t)
mari malčaima	明月夜	美麗 (mari) 滿 (ma) 蒼 (čai)
margata	明日	明 (ma) 格 (ga)
mə̌čit oton	彗星	彌 (mė) 斗 (to)
mikmar karak	火曜日	
mogai	蛇、十二支之巳	蟒 (mo) 蟡 (gai) 蝠蚝 (mogai)
mogai	四月、巳月	蟒 (mo) 蟡 (gai)
mogai ėjėlėksən jil	巳年	蟒 (mo) 蟡 (gai) 建立 (jėlė) 碁 (ji)
mogai čak	巳時	蟒 (mo) 蟡 (gai)
modon oton	木星	木頭 (modon) 斗 (to)
modon həmjiyė	日影柱	木頭 (modon) 衡 (hė)
modon həmnėgür	日影柱	木頭 (modon) 衡 (hə) 臬 (nė) 晷 (gü)
mori	馬、十二支之午	馬驪 (mori)
mori ėjėlėksən jil	馬年	馬驪 (mori) 建立 (jėlə) 碁 (ji)
mori sara	五月	馬驪 (mori) 星律 (sara)
mel oton	尾宿	(扶桑) 木尾 (mu) 斗 (to)
müsü	氷	瀵 (mü) 朔 (sü)
müčėlgė	紀 (十二)	紀 (gė)
mündür	雹	
čahilgan	電	燦 (ča) 爛 (l)
čagan	白、十干之庚	皎 (ča) 皓 (ga) 重光、長庚 (čaga)
čagan oton	太白星	長 (ča) 庚 (ga) 斗 (to)
čagan sara	正月、庚月	庚 (ga) 星律 (sara)

čagakčin	淡白、十干之辛	重 (ča) 光 (ga) 淺 (čin)
času	雪	蒼 (ča) 雪 (su)
čėnggėr	晴	晴 (čėng) 昆侖 (gėr)
čolmon	曉之明星	昴 (mo) [illegible]
jagora	時間	間 (ja)
jarimdok sata	半邊月	假 (ja) 星律 (sara)
jėgėi sara	中等星	中 (jė) [illegible]星律 (sara)
jėgün	東、左	左 (jė)
jirohai	天文、數學、境界	朞、計、界 (ji)
jirogoga	六	己、陰 (ji) [illegible]
jirogogan dürsütü étür	六儀日	己 (ji) 日 (ė)
jirtinču	世界	極、界 (ji)
jiru	圖畫	紀 (ji) 籙 (ru)
jil	年、歲	朞、期、載 (ji)
juu	夏	秋 (juu) ?[illegible]
jübtėl	左	左 (jü)
juu nu tüil	夏至	到 (tüi)
yėhė huitėn	大寒	殷 (yė) 皇 (hė) 寒 (hui)
yėhė sara	大月	殷 (yė) 皇 (hė) 星律 (sara)
yėrü jil	平年	允 (yė) 朞 (ji)
yisü	九	壬、陽 (yi)
yisün sara in yisün	重陽	陽 (yi)
riwadi	奎	
rowahini	畢月烏	
furbü karak	木曜日	

žėtrė	角木蛟	角（zė）
lhakba karak	水曜日	
brani	胃土雉	
brahasbadi	木星	

註十八　齊人謂雷爲賓，見說文解字。

註十九　四種蒙文字典均原註姑洗。月名姑洗，累代相傳，仍保存爾雅所記姑洗原譯，此爲筆者確認蒙文爲夏語許許多多理由之一。

註二〇　音，係「立日」之音，非「言日」之音。上音字念立，睛義，見說文。

註二一　天豕星原文義爲「犁之尖」。

註二二　太乙星原文義爲「曉時先見之星」。先，古音析，此爲h轉 s 。漢字多將夏語 h 轉爲 s ，例如夏（hi）音轉爲 sia 。

註二三　中，殷周秦漢時念動，見說文段註。中牟念頓牟，即 dum 兩聲，見論衡。

註二四　論語子曰：「鳳鳥不至，河不出圖，吾已矣夫！」鳳鳥即夏語 hůhėdi ，造成鳳凰翟，見註七；河圖亦爲 ėrhůtů 即帝（tů）之錄聲字，自被分解爲「河不出圖」，遂演出河圖——龍馬負圖出於河之說。

註二五　tėkri 之 k、r、i 三聲，當係由 oktorgui 中 k、r、i 三聲簡化而來。tė 全語爲 tailhir（祭、禘），tai 聲轉爲 tė ，下綴 kri 遂成 tėkri ，義亦由天空演爲天（帝）。

註二六　水，由 usu 之 su 所造；據趙元任先生說，水在某地念鳥，可能已造成洿（孟子「數罟不入洿池」）字，故某地水念洿。

註二七　usu下接陽聲字 oton，則語尾變化——加 n，成爲 usun ，當即烏孫。漢之烏孫立國烏滸水上，應名usun ulus，故譯爲烏孫國乎？ulus 已造成域、野（u），屋漏（ulu），氏（s）等四字。少典氏、伏羲氏、神農氏即少典國（域）、伏羲國、神農國也。

註二八　堯典：「朞，三百有六旬有六日」，朞由 ji 所造，期爲歧文，載字則爲假借。

註二九　nidůnůn 義爲去年，由 nidů nů 兩字及 n 語尾（n）組成。nidů 義爲眼，已造成睍、靦二字；nů 似爲 nůhůgė ėtůr（義爲後天），之 nů ，已造成那字， nidůnůn 應爲睍

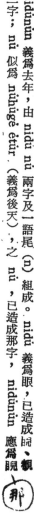

即那一眼。但那一眼不具去年之義，故存疑於此。

註三〇 nogogan 之 nogo係nigé 之音轉。nigé 義爲一，gé 已造成甲字，詳拙文「夏語殷文干支源流考」。此處 nogogan ，義爲綠，又爲甲乙之甲，可能五行說以甲乙爲青，屬木，早於夏朝已有其說，非始於戰國。

註三一 habur 義爲春，實則塞外見草爲春，必須交夏方見靑草：故蒙地之春實爲內地之夏。此一字之保存，及北夏南夏關於春夏讀音之差異，當有歷史可尋。管子乘馬「分春日書比」當即 habur。

註三二 另有 sučoramüi 義爲下米心雪，su 爲霰之語源。此間則爲 halima。s 可聲轉爲h，u 亦可聲轉爲o：故 ho 可能由 su 聲轉而來，例如 hia（夏）聲轉爲 sia（夏）。說文：「霄，雨霰爲霄，从雨，肖聲。齊語也。」

註三三 hangsi 即寒食，亭無疑義；但究竟 hangsi 係由漢譯蒙，抑由蒙譯漢？疑不能明。

註三四 昊天即后土。土祗廟皆上帝廟。

註三五 huluganaì之hu造成耗子（四川、遼寧、北平話）之耗。此係蒙文讀音；蒙語念hōrgan，hō 音完全爲耗。另有 suusal，其 suu 聲則造爲鼠字。

註三六 唐司馬貞史記索隱「單于姓攣鞮氏。其國稱之曰『橖黎孤塗單于』。匈奴謂天爲『橖黎』，子爲『孤塗』。」「橖黎」即 tèkri，天也；「孤塗」即此字，子也。「單于」即善王。

註三七 孟子「霈然下雨」，齊語雨應爲霈然。

註三八 房心係[illegible]的周文或奏漢文；扶桑亦係房心，爲山海經譯文，庖犧係易經譯文，又譯爲伏羲、宓犧，亦係房心，均爲東，北方箕宿之譯音。太古時，伏羲氏建國於箕宿之野，故以分野之星名爲國名，國名已不詳。

註三九 蒙語呼月爲 sara，實以一年十二月之月爲天空之月。天空之月爲ür，臥聲。道書云：「太陰，星主」，知古以月爲星。中等星之星念sara，可證。

註四〇 sinè可能爲匈奴一詞之語源，而 sunit（蘇尼特）爲其音轉。

註四一 暈，大徐「許歸切」。

註四二 木星即歲星，淮南天文訓云：「東方木也，其帝太皞……其神爲歲星。」晉書天文志亦以木星

註四三　爲歲星。現知歲星爲太歲星，省太字。

註四四　虛，爾雅稱爲顓頊之虛。顓、應爲耑聲，頊、應爲斯聲。

註四五　burhan 此云佛羅漢，自係梵文。

十二宿除龍字以外，皆由夏語蛻化爲殷文；惟龍（luu）字係蒙人自漢文譯去者，且譯在漢朝以前：表夏朝之龍，其義爲獅，其語爲 arsalang ，殷人截 lang 聲造成龍字：故知 luu 係由漢朝譯爲蒙文者。

註四六　幽燕迄今仍呼曉之明星爲「大毛」、「二毛」、「三毛」，諺云：「大毛出來二毛趕，三毛出來白瞪眼。」此所謂「毛」當即昴。

註四七　「中」有兩個語源，一爲由 dumdatu 之 du 所蛻化之「中」，義爲中間，表示時間，即中牟之「中」，古音頓若動；一爲由 jėgėi 之 jä 所蛻化之「中」，義爲不大不小之「中」，表示空間。

註四八　夏語 jirogoga 之 ji，在殷文中蛻化爲己，義爲六；在周文（易經）中又蛻化爲陰，易陰爻稱六，（陽爻稱九），其理在此。

註四九　秋，揫也，正是 juu 聲，蒙地以夏爲秋，氣候使然。

註五〇　以上右方自第一字「世」至此末字「角」，均爲由複聲的夏（蒙）語蛻化而來的殷（漢）文。其左方之夏語每一詞又係由同聲同義之另外幾個夏語聯綴而成，例如 anisha 由 a（表敬意）nis（nasu年歲）ha（hanomui限、充足）三個單語所組成，全文應爲 anisuhanomui，義爲滿了年限。其本身自簡爲 anisha ，義爲三十年一世之世。筆者所以查出某一夏語蛻化爲某些殷文，均經過追究全文程序。右方有空位處，乃現在還查不出蛻化某一殷文者；打問號者，待考。附註於此。

跋

不才來臺服務，推行國語；四十四年以弔朱蘇老之喪，得識趙公尺子；執紼送殯，更拜甘珠活佛：殊勝因緣，欣幸何似！自恨鈍根多障，難去法座參修！只喜趙公居近，常得過從，而以邊疆語文，引我迴憶，神往朔漠，如適茫蒼！

趙公在二十年前曾以邊疆語文證實「西伯利亞」即我「鮮卑」舊地。昔賢雖有此說，國人未知注意，日蹙百里，以致神州陸沈，自非偶然！今茲振臂一呼，全體響應，於以知「光復大陸，解放鮮卑」，期不在遠，功亦不在小也！

憶在三十年前，日本人視我東北邊疆為其「生命線」，而圖分化滿蒙人民，謂以其「多音節語」不同中華民族。吾欲戢其野心，演講駁斥，以中華民族祖先一系，古今語言亦多同音；只是中原之「單音節語」係經方塊漢字之約束；而邊疆之文字晚出，故仍保持其「多音節語」。但其發音之字頭，仍多與漢字之發音成為「雙聲」，不若與西洋各國之語音全無相似處也。例如：——

「飯」之一詞，國語曰「ㄈㄢˋ」，方言曰「ㄅㄥ」，滿蒙語曰「ㄅㄨㄌㄚ」；

「房」之一詞，國語曰「ㄈㄤˊ」，方言曰「ㄆㄤˊ」，蒙古語曰「ㄅㄠ」；

「馬」之一詞，國語曰「ㄇㄚˇ」，滿蒙語曰「ㄇㄜㄌㄧㄣ」；

「兄」之一詞，國語曰「ㄒㄩㄥ」滿蒙語曰「ㄚㄏㄨㄣ」；

「弟」之一詞，國語曰「ㄉㄧˋ」，滿蒙語曰「ㄉㄡ」。

諸如此類，其例尚多；倘無血族關係，何以巧合至此？及見趙公，獲聞明教。前所講述，雖僅民族構成條件之一端，然亦覺其不遠；只惜不及趙公之取多用精，於國家民族更資裨益而已！

前聞趙公蒐集邊疆語文資料，已得一萬詞字，比較古今語音，以求一是：其工作之艱鉅，可想而知！今欲部份付印，以供閱讀，而便繼續研討。聞之興奮，恭跋數言，以誌敬仰！

中華民國四十八年十二月十五日幽都齊鐵恨

中國邊政協會叢書之二
書名：夏語天文三百字蛻化為那些殷文？
發行者：中國邊政協會
著作人：趙尺子
出版年月：中華民國四十八年十二月
1—1000

在中國歷史學會宣讀的論文

蘇末、中國古代語言文字的比較

筆者兩年來正和癌症搏鬥，兩耳因烤鈷60已重聽。友好如提問題，請用書面，幷註明姓名及通信處，以便答覆，恕難當場作答。

蘇末、中國古代語言文字的比較

——古蘇末人說中國話——蒙古史可上溯六千年

壹、研究的經過

大約十年以前，恒毅月刊發表臺大教授杜而未博士一篇短文，題爲「中巴語言文字的比較——中國和巴比侖語言文字的關係値得注意。」他根據鮑爾（C.J. Ball）的 The comparative Lexican of Sumerian and Chinese，選出五十七個六千年前蘇末泥磚上的文字，依其與中文同音同義，譯成中文。筆者當時曾將杜博士所譯中文寫出殷文（甲骨）、周文（鐘鼎）和篆文，並與古中國語（在蒙古語中保存着）互向對照，查出二十餘個，記在杜文之下。前年蘇雪林教授贈予「屈原與九歌」、去年又寄到「天問正簡」——兩巨冊「屈賦新探」，都引用古巴比侖（蘇末）神話傳說，和屈原離騷裡的古中國神話傳說作比較，得到結論：「兩河流域……和我們中國面貌精神，有許多相同之點，可證其同出一源，就是同出於西亞。」（蘇著「屈原與九歌」自序頁二）。去年十月，執教南安國民小學的萬靖宇先生也贈來「中華民族發展史（二）——黃土兒女的興起」一巨冊，綜合近代地理學、田野考古學……反對伯克司登的「中國古代文化素質與西亞更古的文化素質有着甚多的類同現象，從而推論後者應予中國重大影響，甚至中國文明實自西而東來的」（萬著「中華民族發展史」頁十至十一）。萬先生提出另一種的結論：「學者所指中國文化西來，卽所謂來自西亞和中亞兩區域，在黎明史前期，實可以歸併成一個文化區——西亞文化區。」「由此而所謂來自西方，正是西綫黃土兒女（華系）與東北龍江的黃龍兒女（夏系）、東方龍山黃土兒女（夷系）同種同族自然的交流。（筆者並非同意「華系」、「夏系」、「夷系」的說法）。只是學者忽略了歷史的時代背景，以今日中亞、西亞的居民來看古代，以爲中亞、西亞的居民自古如此……實則中亞、西亞白種人的侵入乃三千五百年以來的事……中亞、西亞本屬一大文化區，把西亞、中國東南沿海、東部，同稱爲中國本土，也不爲非。」（萬著「中華民族發展史」頁十四）。這有他地理學、歷史學上堅强的證據（詳看萬著第四章），絕非泛論推想所可比擬的西洋見解。——由於筆者大體認爲萬說（三千五百年前西亞係黃種人）之正確，遂將杜博士的文章重新找出，就十年前初步研讀所得，進一步把他所引的蘇末語文全部認出其古文、殷文、周文、篆文及在蒙古保存着的古中國複音語，寄杜博士看過，得其覆函稱「尊稿甚是，賀賀」，乃寫此文。

貳、杜博士的短文

巴比倫的Dingir（Digir）一字是God、emperor 及 star 的意思（一種 star），象形作米，與中國甲骨文的帝作米爲一字。我們的帝字，也指God、emperor 和一種 star，星經卷上：「太一星，在天一南半度，天帝神，主十六星。」那麼，帝字和巴比倫的米形同、聲同、意義又相同，可能有淵源關係。

巴比倫的 Dil-Bad 就是中國的太白（星），當無疑義。非洲班都民族的語言中有巴比倫語言成分，Zulu（班都的一部族）稱「太白」（完全是白的）爲 ti-pa（ti 太，pa 白）。Dil-Bad

在巴比倫爲金星（太白星），巴文的 bad、pa、bar 是白的意思，聲音和我們的白字相同。

尙有一字也指「白」義，就是 Zulu 的 hu 和巴比倫的 ku (k=h)，中國的「皜」、「縞」二字都有「白」意，後漢書吳良傳贊：「大儀鵠髮，見表憲王。」注：「鵠髮、白髮也。」禮記王制：「殷人縞衣而養老。」鄭注：「殷人尙白而縞衣裳。」南亞的 Bahnar 及 Danaw 人也稱白色爲 ko，廣雅釋魚王念孫疏證：「縞之言皜也，皜：甚白也。」巴文的 ku、pa 恰好與鵠、白同義。Zulu 也稱「太白」爲 ti-hu（完全是白的）。

巴文的 bar（見下文）及中文的「白」都有光明的意思。莊子人間世：「虛室生白，吉祥止止。」釋文引崔云：「白者，日光所照也。」所以太白之白，無論中、巴，皆有光明之意。金星最白（微綠）也最光明，無怪乎中、巴都稱它爲「太白」了。爾雅釋天：「明星謂之啓明。」郝疏引孫炎：「明星，大白也。晨出東方高三舍命曰啓明，昏出西方高三舍命曰太白。」

下邊數十字是我們由 Ball 的 The comparative Lexicon of Sumerian and Chinese 及 B. W. Wanger 的 Sumerisches Sprachgut im Zulu und Ntu 一文的著作中選取的，外文對照一仍其舊，漢字及括弧註解多是我們依照外文、巴文、英（德）文、中文對照的意思注出的。

1. ba, a half, 半
2. ban, dish, bowl 盤
3. bar, par, white, bright, to shine 白
4. bar, to divine 卜（蘇末文象形字作∟）
5. du, child 子（越南人稱老子爲 Laodu）
6. du (r). ganzheit, gesamtheit 都

7. ga, a house, a family 家
8. gal, gross, alt (=old), laut 高、年老（楚辭九辯：春秋逴逴而日高兮）
9. gu, rufen, schreien 呼（虖，虎吼也，見廣雅）
10. gur, gi, to return 歸（Ball 以歸字古音爲 gu-t）
11. i, one (from id) 丨
12. i, to howl, to lament 噫
13. ib, ibbi, to be strong, violent 毅
14. i-dim, e-dim, heaven 天（蘇末象形字作个，似以柱支天）
15. i-dim, high, steep 高
16. i-dim, mad, raging (of dog) 癲
17. e-dim, field; the desert plateau (w-of babylonia) 田
18. ka, mund 口 (Zulu: ka 使水進入瓶口，汲，灌)
19. kaba,（張）開口（Zulu: ka-ma 張開口）
20. ka, frucht 菓（Zulu: ka 摘）
21. kur, to see, to oversee 顧
22. mu, ma, name 名（藏語 min）
23. mu, male 牡
24. mu, wood 木
25. ni, fett, öl（當爲膩字）
26. pa, flügel（當爲翅膀之膀）
27. ra, lag, to go, to come 來
28. kundtun, nennen 說（藏語bsàd）
29. sha, abschneiden, zerschneiden 殺（藏語 gsod）
30. sham, wise, intelligent 聖
31. sham, price, to buy 商
32. shib, to divien 筮
33. shi-sin, fourt three, seven, 四加三：七（shi-sin 即是 Zyrianian

sizim; mordvinian sizem; lapp tsetsem; Finnish seitsemän)

34. shu, to go in, to enter 入（入、冂）（蘇末象形作入、冂）

35. shu, writing 書

36. te, teg, tem, ti, to take, to get, to receive 得

37. tig, tigi, a flute (or pipe) 笛

38. zun, all, the whole 總

39. u, a house 屋

40. u, speech 語

41. u, ground, territory 域

42. ud, utu, itu, sun, day（有的中國方言稱太陽爲 itou）

43. zi, to be; dialectic shi 是，即

44. zi, zi-d, lust, justice, right 齊。左昭十三年杜注：「齊，嚴也。」

45. zid, zi, grain, meal 稷

46. zig, zib, evening dusk 夕

47. zu, wissen 知（Zulu: a-zi）

此外，中國和蘇末（巴比倫）尙有許多相同的字，但上邊擧出的數十字，爲我們的目的也足够了，因爲雙方的聲音酷似！

除聲音酷似外，中、巴的語言文字尙有一個相同的特徵，這種特徵，爲中、巴文化相關的好證。特徵是什麽呢？

從上邊擧出的數十字中，已發見其中有不少聲韵集團，這確不是偶然的。譬如，半、盤、白、卜即是 ba、ban、bar、bra，聲義皆互同。此外，我們的葩字（文選嵇康琴賦注引郭璞說：葩爲古花字。又一切經音義引聲類：秦人謂花爲葩）就是蘇末的 pa，我們的伴字就是蘇末的 man (m=p)。

蘇末的 i-dim (e-dim) 等於我們的天、巔、癲、田、中、巴都用一樣的聲音表示幾個不同的意指，但這幾個不同的意指又雙方相同！

其他的聲韵集團也是如此，如一、噫、毅等於i、i、ib，口、菓、顧等於 ka、ka、kur，名、牡、木等於 mu、mu、mu，說、殺、聖、商、書、筮等於 sa、sha、sham、shu、shib，夕、齊、卽、稷等於 zig、zi、zi、zid。

中國古代重卜、筮，卜、筮就是蘇末的 bar、shib，而且蘇末的「與卜字同。

我們要聲明一下，Ball 在他的中、巴文字對照中，用了不少的福建、廣東等語音，比國音更似巴文，我們為避免繁蕪沒有錄出。

我們在談「四聖史象徵與中國文化互關」時已說明中巴的四靈說有關係。依古代傳說，四靈似和文字的興起有文化關係，春秋緯：「河龍圖發，洛龜書感。」山海經以鳳身有文字，「墨藪」中有虎爪書，可以作中巴古代文字相關的旁證。

（杜文完）

參、古中國語（蒙古語）及古中國文的認出

杜文「中、巴（蘇末）語言文字的比較」共收字五十七個（筆者按：據杜教授函告，鮑爾所作中巴語文對照共二千餘字云云。我已函美、法友人影印全書）。現依其先後次序，加以考證。首列巴比侖泥磚（蘇末）語文的記音，次列杜教授的譯義，再次列古中國複音語（蒙古語），更次列古文（說文解字所保存之古文）、殷文（甲骨）、周文（鐘鼎）和篆文。古中國複音語用英式拼音（畏吾注音字母所記之蒙古語文無法刻字），古文、殷文、周文、篆文亦寫成楷書（亦因無法刻字。讀者請查說文、甲骨文編、金文編）。

蘇末、中國古語文對照表

蘇末語文及意義	古中國語文（蒙古語）	中國語文之註釋
Dingir (Digir) 天帝	Degetus 成神、先祖 □□帝□ 顚眞□□	說文：「帝，諦（諦，審也）也。王天下之號也。」都計切，古音tu。顚，古文禱字之聲母。都告切，古音de。顚，眞也。說文：「眞，僊人變形而登天也。」側鄰切，古音ge。「顚眞」二字轉注：顚，眞也；眞，顚也，均爲上帝(hormosta〔昊天〕上□青□帝)即成神之祖先。杜氏云：蘇末文 Dingir 有star（星)義。此與我國古代以先帝之名爲星辰之名同俗。如庖犧名brahas-badi 託祀爲木星之名；神農名 sanic-har託祀爲火星之名；少皞名 shogara 託祀爲金星之名；造父託祀爲造父星之比。
Dil-bad 太白(金星)	Deletele chai-bagan chiher 太白星	說文：「大，天大、地大、人亦大。」徒蓋切，古音 de。「奃，大也。」唐韻匹貌切，誤；應讀力救切（柳），古音le。說文佚太字，太，从大，一聲，古

	大夼太夼□白皎 參星	古音te。「大夼太夼」四字轉注：大，夼也；夼，太也；太，夼也；夼，大也，均為寬大之大。夼，俗假犖字為之。古說文：「白，西方色也。」旁陌切，古音 ba 。「皎，月之白也。」古了切，古古音 ga。「白皎」二字轉注：白，皎也；皎，白也，均為黑白之白。說文佚失 chaibagan 之 chai。說文：「參，商星也。」所今切，誤；古音 chai（參謀之參）「星，萬物之精，上為列星。」桑經切，古音 he。「參星」二字轉注：參，星也；星，參也，均為星晨。
Ku 白	Chaibaga 灰白 □白皎	□白皎（解同右）：Ku 為 ga （皎）之音變。（中文古無K母——凡K母均為G母）。
Pa, Bar 白	Chaibaga 灰白 □白皎	□白皎（解同右）：Bar 為 ba（白）之音變；Pa 為 ba 之音變（中文古無P母——凡 P 母均為 B 母）。
Ba 半	Hubiye 平分	說文：「分，别也」，甫文切，古音 hu。「八，别也」，博拔切，古音 bi

	分八𠔁（必） □半□	。「必，分極也」，从八，弋聲（tay-ak〔杖〕□弋□之 ya），唐韻卑吉切，誤；古音 ye（弋）。「分八必」三字轉注：分，八也；八，必也；必，分也，均爲平分之半。
Ba 半	Hobuge 型 胖 半 件	說文：「胖，半體肉也」，从半，肉聲（yolhaiji〔肥滿〕肉□肥□脂之 ha）唐韻普半切，誤；古音 ho。「半，物中分也」，从牛，八聲，博慢切，古音 bu。「件，分也」，从牛，人聲（irgen「人」之 ge）其輦切，古音 ge。「胖半件」三字轉注：胖，半也；半，件也；件，胖也，均爲鑄型之一半。蘇末語之 Ba（半）若非 Hubiye 之 bi，即爲 Hobuge 之 bu。A、E、I、O、U五韻母兼聲母有時互變。
Ban 盤	Batir 碗、鉢 缶缻□ 槃梡□	說文：「缶，瓦器，所以盛酒漿」，方九切，；古音 ba。「缻，小缶也」，土蓋切；古音 ti。「缶缻」二字轉注：缶，缻也；缻，缶也，均爲鉢、盤、椀

		。後始以緣淺者爲盤、碟；深者爲鉢、盆。 說文：「槃，承槃也」，籀文作盤，薄官切，古音 ba。「㮰，槃也」，唐韻息移切，誤；古音 ti（遞）。「槃㮰」二字轉注：槃，㮰也；㮰，槃也」，均爲承酒漿之碟盤。缶、槃（盤、鉢）爲重文，㮰、碟亦爲重文。
Bar 卜	Belgede 占卦 卜□卦貞	說文：「卜，灼剝龜也」，博木切，古音 be。「卦，筮也」，古壞切，古音 ge。「貞，卜問也。鼎省聲」，音鼎（dorbogo〔鍋〕鼎□貝鼒之 do）；唐韻陟盈切，誤；古音 de。「卜卦貞」三字轉注：卜，卦也；卦，貞也；貞，卜也，均爲占卦。
Du 子	Daga 馬駒、子 □駒 犢□	說文：「馬，二歲曰駒，三歲曰駣」，駒，舉朱切，古音 ga。「犢，牛子也」，徒谷切，古音 da。今人私其子尚云「護犢子」。

Du(r) 都	Gudugur 高阜 郡都郭□ □□京□ □□崑崙	說文：「郡，周制天子有四郡」，渠運切，古音gu。「都，有先君之舊宗廟曰都」，當孤切，古音du。「郭，齊之郭氏虛」，古博切，古音gu。「郡都郭」三字轉注：郡，都也；都，郭也；郭，郡也，均爲都邑。 說文：「京，人所爲絕高丘也」，舉卿切，古音gu。gur之r雖不知應寫爲何字？但由涼、諒皆京聲而知r之必已成字。爾雅：「三成爲崑崙丘」，郭璞注：「崐崘山三重，故以爲名」，知崑崙之崑實爲郭之記音。
Ga 家	Ger (Urugel) 家 家寮	說文：「家，居也」，古牙切，古音ge。寮字見酒誥，說文未收，當即ger之r，今工地之家稱「工寮」，廣韻落蕭切，古音r。「家寮」二字轉注：家，寮也；寮，家也，均爲家室。
Gal高、年老	Hagan 上、君 亭高□	說文：「高，崇也」，古牢切，古音ga。hagan之ha應寫亭字；因由高得聲之鎬爲乎老切即音ha，故知hagan

		即亯高。年老即高年。
Gu 呼	Mugere 鳴 鳴叫□	說文：「鳴，鳥聲也」，武兵切，古音mu。「叫，呼也」，古弔切，古音ge。「叫，嘑（呼）也」，「鳴叫」二字轉注：鳴，叫也；叫，鳴也，均爲呼叫。
Gur 歸	Gergei 妻 婦□歸□ Ergiguu 轉回 □□□歸□	說文：「婦，籀文歸」，擧韋切，古音ge。「歸，女嫁也」，从婦，𠂤聲（huduge〔野地〕𠂤□𠂤之ge），擧韋切，古音ge。歸，于歸也，假借爲回歸之歸，擧韋切，古音gu（ergiguu〔轉回〕之gu）。
I 一	Tegri 天神 天 三一 Imeshil 一枝箭 之一 一□□□□	說文：「天，顚也。至高無上」，从一大聲，他前切，古音te。周易：「三（乾）爲天」，古寒切，古音gr。說文：「一，惟初太始，道立於一，造分天地，化成萬物」，於悉切，古音i。「天三一」三字轉注：天，三也；三，一也；一，天也，均爲「天造分天地，化成萬物」、「至高無上」之天、神。假

		借爲十數之一。廣韻：「一，數之始也」，集韻益悉切，古音i。又叶弦雞切，音兮即imes-hil之hi。
I 噫	Iru 飡飽 噫□ Ei 悲時感嘆辭 □噫	說文：「噫，飽食息也」，於介切，古音i。假借爲感嘆辭之噫。玉篇：「噫，痛傷之聲也」，集韻：「嘆聲」，詩周頌：「噫嘻成王」，廣韻於其切，古音i。
Ib 毅	Hariya 罵 豦□毅	說文：「豦，豕怒毛豎也；一曰殘豕也」，从辛，豕聲（gahai〔豚〕豕亥□之ha），魚既切，誤；古音ha。「毅，妄怒也」，从豦，殳聲（seriye〔乂〕柀□殳之ye）魚既切，誤；古音ya。「豦毅」二字轉注：豦，毅也；毅，豦也，均爲怒罵，顏常山罵賊割舌，是豦毅之例也。
I-dim 天	Ilteng 天 一□天	說文：「一，惟初太始，道立於一，造分天地，化成萬物」，於悉切，古音i。「天，顚也。至高無上」，他前切，

I-dim 高	Ilteng天（蘇末當亦認天「至高無上」，故以ilteng〔一天〕爲高。）	古音teng（騰）。「一天」二字轉注：一，天也；天，一也，均爲「造分天地，化成萬物」、「至高無上」之天神。古語與「天☰一」(tegri)同意。天至於天空之天，古語爲Oktargui，篆寫圜田團□口，（說文：「圜，天體也」，田爲篆文壼之聲母；「團，圜也」，□即團□，「口（國字聲母），回也」。周秦以來，假天爲團。蘇末文I-dim當爲「從早到晚」的一天，若然I-dim當爲「日且日且」即古語imeshil edur（一□□□□日且□）。
I-dim 癲	Tuguri 發狂 瘨癇□	說文：「瘨，病也」，集韻：「狂也」，廣韻：「瘨與癲同」，都年切，古音tu（拓）。「癇，病也」，玉篇：「癇，小兒瘨病」，戶閒切，誤；古音gu（過）。「瘨」一二字轉注：瘨（癲），癇也；癇，瘨也，均爲發狂。古端(d)透(t)二母分別甚清；唐韻始混。蘇末文音dim，知西亞端透相混尚早在六千年前。且與晉朝東遷字後加k、m

		……同俗。猘之重文為狂(galjagu nohi「狂犬」)，狂□猘□瘈瘳□□)，其 i 聲當即蘇末文之 i，古語瘈瘳□(no-haai)本為兇狗狂吠，近七百年蒙古始專以稱大狗。
E-dim 田	Tariya 田 田里野	說文：「田，陳(陣)也。樹穀曰田」，待年切，古音 ta。「里，居也」(住宅所佔之田)，良止切，古音 ri。「野，郊外(之田)也」，羊者切，古音 ya。「田」「里」「野」三字轉注：田，里也；里，野也；野，田也，均為田地；周秦後始分為「樹穀為田」、住宅所佔之田為里、「郊外」之田為野。蘇末文之 dim 即「田(田可發佃聲)畝」；惟接頭之 e 尚不可識，當為野(ya)變為 e(古語 e、i、y 常互用。)
Ka 口	Ama 口 □吻 Amagai 口哨	古語稱口為□吻；稱用口吻吹出哨音為 amagai。ama為amaga之省。amaga 篆作□吻口，下有接尾字 i(y)，篆作韻——□吻口韻即成口哨。說文：「口，人所以言食也」，苦后切，古音 ga

	□吻口韻	＝ka。「吻，口邊也」，武粉切，古音ma。「吻口」二字轉注：吻，口也；口，吻也，均爲嘴，後始分爲口吻（脣）兩部。
Kaba（張）開口	Gabata 裂紋 乖北□	說文：「乖，戾也」，古壞切，古音ga＝ka。「北，乖也」，博墨切，古音ba。「乖北」二字轉注：乖，北也；北，乖也，均爲破裂、開口、張開。
Ka 菓	Hulugu 菰 □椂果 瓠□瓜	說文：「椂，木實也」，力追切，古音lu。「果，木實也」，古火切，古音gu＝Ka。「椂果」二字轉注：椂，果也；果，椂也，均爲樹木所結之果實。說文：「瓠，匏也」，胡誤切，古音hu。「瓜，㼌也」（段校㼌作菰），古華切，古音gu＝Ka。「瓠瓜」二字轉注：瓠，瓜也；瓜，瓠也，均爲瓜果。菓爲西漢所造之果字。
Kur 顧	Gorichal 眷戀 看□□□	說文：「顧，還視也。」从頁（tarihi「頭腦」頭顱頁之頁），雇聲，似誤；

應爲从雇，从頁，謂雇鳥之頭還視也」。若然顧當即看字。說文：「看，睎也」，苦寒切，古音go。「眷，顧也」，从目，𢍏聲：詩曰：「乃眷西顧」。居倦切，古音go。蘇末之Kur應即gori之省。

Mu、Ma 名	Ama 名	說文：「名，自命也」，武并切，古音ma。蘇末音mu又音ma，亦猶我國古韻母a、u互用之比。
Mu 牡	Manachin 雄 牡牛□	說文：「牡，畜父也」，莫厚切，古音ma。「牛，大牲也」，語求切（閩南仍存此音），古音na（北平音niou）。「牡牛」二字轉注：牡，牛也；牛，牡也，均爲雄性牛。（雌性牛即乳牛爲uniye，篆文作物牛也。說文：「物，萬物也——牛爲大物」，唐韻文弗切，北平音wuh，古音u（物）。「牛，大牲也」，語求切（閩南音），古音ni。「也，女陰也」，羊者切，古音ye。「物牛」二字轉注：物，牛也；牛，物也；下接接尾字「也」，「物牛也」

		均爲乳牛。）
Mu 木	sulemu 鬱蒼 森林木 Modo 木 木柢	說文：「森，木多貌」，所今切，誤；古音 su。「平土有叢木曰林」，力尋切，古音 le。「木，冒也——冒地而生。東方之行（木星）」，莫卜切，古音 mu。「森林木」三字轉注：森，林也；林，木也；木，森也，均是遠望森林氣色鬱蒼。 說文：「木，冒也——冒地而生。東方之行（木星）」，莫卜切，古音 mo＝mu。「柢，木根也」，都禮切，古音 do。「木柢」二字轉註：木，柢也；柢，木也，均爲根幹相連之木。
Ni 當爲膩字	naga 昵、尼	說文：「暱，日近也。春秋傳曰：『私降暱燕』。昵，暱或从尼」，尼質切，古音 na。按：暱从日，匿聲即 nigukdo（藏躲）之匿區□□，依古形聲原理，暱可音區（ga），故尼質切之暱可音豈俱切。拙著「說文解聲」定暱爲豈俱切，昵爲女夷切，若然「昵暱」即 naga，二字轉注：昵，暱也；暱，昵也，均

		爲親昵即親膩。說文：「尼，從後近之」，女夷切，古音ni。
Ni 當爲膩字	Niga 粘 膩膠	說文：「膩，上肥也」，女利切，古音ni。「膠，昵也｜作之以皮」，古肴切，古音ga。「膩膠」二字轉注：膩，膠也；膠，膩也，均是粘之物。說文：「黏，相箸也」，女廉切，古音ni。「黏，黏也」，戶吳切，誤，古音ga。「黏黏」二字轉注：黏，黏也；黏，黏也，均爲二物粘於一起。膩本爲膠，假借爲親膩、膩愛之膩。
Pa 當爲翅膀之膀	urbelge 飃翎 羽□𦐊翎翸	說文：「羽，鳥長毛也」，王矩切，古音u。集韻：「𦐊，羽也」，平義切，古音be=pa。廣韻：「𦐊，羽也」，郎丁切，古音一。說文：「翸，翅也」，古翮切，古音ge。「羽翅翎翸」四字轉注：羽，𦐊（俗作膀）也；𦐊，翎也；翎，翸也；翸，羽也，均爲鳥翅。字非一代所作，故「同意」而不均，「爲一鳥首」。
Ra 來	ide 來	說文：「來，周所受瑞『麥來麰』——」

	猍來。	(Jarma 麥來麰)。天所來也，故爲行來之來。」洛哀切，古音 re。「猍，詩曰：「不猍不來』，爾雅：『不猍，不來也』。」从來，矣聲，牀史切，誤；古音來」。來本爲麥；假借爲行來之來，。「猍來」二字轉注：猍，來也；來，猍也，均爲步行來往。
Kundtun 說	Uge 語言 語講	說文：「語，論也」，魚舉切，古音 u。「講，和解也（平心靜氣地講解）」，古項切，古音 ge。「語講」二字轉注：語，講也；講，語也，均爲談說。閩南音說讀若講。「談，語也」，徒甘切，古音 tu。蘇東文 Kundtun 當爲中國講（ge＝kˋu）談（tu）合成之詞。
Sha 殺	Husu 刮皮 杀殺	說文無杀字：字从朩（義爲麻），乂聲即 tohiyal（乂爻㸚㸚，感應之應）之乂聲，古音 hi。「殺，戮也。从杀，殳聲」，知殺所从之杀與殺同意，殺，所八切，誤；古音 su。「杀殺」二字轉注：殺，杀也；杀，殺也，均是殺牲刮皮。無古 sh 母，凡 sh 非 s 即 h。

Shom 聖	Sechen 賢、聰 聖聰	說文：「聖，通也」，式正切，古音se。「聰，察也」，倉紅切，古音che。「聖聰」二字轉注：聖，聰也；聰，聖也，均爲聰明，故察而通。古無sh母，蘇末聖字於Sho下加m，如閩粤語「萬」下加m，均爲今之「們」即古之「萬」字，多也。
Sham 商	Hina 商量 商冏	說文：「商，以外知內也」。从冏，辛聲（依段文），式陽切，古音he。「冏，言之訥也」。从口，內聲，女滑切，古音na。「商冏」二字轉注，商，冏也；冏，商也，均爲詳查熟慮。蘇末文sham英譯爲to buy（收買），又譯爲price(估價、問價)，均爲商量、商議等商事也。商事可「以外（貨品）知內（價格），不必談（冏、訥）也。
	Shangchakla 商洽	此係由漢文音譯爲商（shang）洽（cha），下加接尾語kla。
Shib 筮	Mehe 方士 巫覡	說文：「筮，易卦用蓍（蓍屬）也。从竹，巫聲（mehu〔方士即薩滿即羨門

		冂巫覡之覡），時制切，古音 he。蘇末文 shib 當爲 mehen belgede（巫覡的卜□卦貞）省作 hib；英譯 divine，義爲神性的、豫言，杜譯爲筮，義爲豫言，按即卜筮；非筮著也。蒙語中保存之 mehe 即殷周篆文之巫覡，「以舞降神」，職司占卜，即豫言也。
Shu 入、冂	Uruhe 室 宀□穴	說文：「宀，交覆深屋也」，武延切，誤；古音 u（讀若國音的屋）。「穴，土室也」，胡決切，古音 he。uru 記音「屋漏」。「宀穴」二字轉注：宀，穴也；穴，宀也，均爲原人所居之山洞。蘇末之 shu 本應作 hu（古無 sh 母）即 uruhe 之 he 亦即穴，楔文作⊂可證；引伸爲入。中國古語入爲 niyaniya（蛇入蟄），篆文作內入內入，中無 hu音。
Shu 書寫	Hagodasu 書、篇	說文：「𦘕（隸作書），箸也」。从聿，者聲。」誤；應爲从者，聿聲。商魚切，古音 ha。「者，別事詞也。从白，旅聲」，之也切，古音 go。「箸，書也」

𦘠者箸□

。從者，竹聲（godoli〔竹製箭」竹□□之do），唐韻陟慮切又迟倨切，並誤；古音do。說文原作「箸，飯敧（筷）也」，是引伸義，蓋竹簡兩枝可作筷箸。「𦘠者箸」三字轉注：𦘠，者也；者，箸也；箸，𦘠也，均爲木竹簡聯綴之書（紙）；引伸爲動詞書寫。蘇末之shu即hu（古無sh母）必爲中文之ha（書及寫）。中庸「仁者人也；義者宜也」之者字，並非「別事」而作「書上的仁字就是（也）人字；書上的義字就是宜字」解，古文法也。

Te 得

Hadaldoga 以有易無彼此買賣

得㝵□□□

說文：「得，行有所得也」，从㝵，彳聲（(cholhil〔魚躍〕）彳亍□彳□之彳音hi）），唐韻多則切，誤；古音ha。「㝵，（得）古文省彳，誤；从寸，貝聲（dorbogo〔鍋〕鼎□貝燕之do），古音da。「得㝵」二字轉注：得，㝵也；㝵，得也，均爲買賣所得。｜「所得」古音「得㝵」（hada）。蘇末文te定爲㝵te=do，古端透分明，蘇中國唐以後始混；蘇末早於六千年即混。

Tig 笛	Bit 笛音 □笛	說文：「笛，七孔筩也。」徒歷切。古音t。bit之bi，國語讀若鼻兒（bir），不知原字何作。笛，周禮作篴，从竹，逐聲，古音ge（julgeni〔盤牲口〕追□逐攆之ge）。蘇末文tig應即我國的篘竹；但此古語已佚失。
Zuu 總	Gubchin 全的 總緫纏 全□全	說文：「總，聚束也」。作孔切，古音gu。「緫，束也。」補盲切，古音b。「纏，繞也。」直蓮切，古音chi。「纏，緫纏，」三字轉注：總，緫也；緫，纏也；纏，總也，均爲結束。「全，完也」。疾緣切，古音gu。「全，篆文全。純玉日全。」从入，从玉，聲，古音chi。「全全」二字轉注：「全，全也；全，全也，均爲全部之全即「總而言之」之總。
U 屋	uruhe 室 宀□穴	宀□穴解見前。說文：「宀，交覆深屋也」。武延切，誤；古音u。「室，實也。从宀，至聲（dagusu〔終〕到至□之gu聲），唐韻式質切，誤；

	urugel 房間 ゥ□室□ uroge 艙 ゥ□家	古音ge。「ゥ室」二字轉注：ゥ，室也；室，ゥ也，均爲古代穴居之房間。說文：「ゥ，交覆深屋也」。唐韻武延切，誤；古音u。「家，居也」。古牙切，古音ge。「ゥ家」二字轉注：ゥ，家也；家，ゥ也，均爲由穴居進化爲房居再進化爲船艙之屋。
U 語	uge 語講	解見前「語講」。
U 域	Ulus 國、地方 域壘□	說文：「或，邦也。」「或又從土。」于逼切，古音u。「壘，軍壁也」。力委切，古音lu。□(s)爲數(solji「數」，數數□之數)。「域壘」二字轉注：域，壘也；壘，域也，均爲城垣即國。
Ud 太陽	Ude日中、晌午 午□	說文：「午，啎也。陰氣午逆陽冒地而出」。疑古切，古音u。古假借午爲ude之午，第二音不知何作？午間太陽大，即蘇末以午爲太陽之義。
Zi 是、即	uhaga 悟性、理解	說文：「，智，識（知）詞也」，唐韻知義切，誤；从智，于聲，古音u。釋名

𥏼智知

：「𥏼，知也」。從知，白聲，古音ha。「知，識詞也。」從口，矢聲，古音ga。「𥏼智知」三字轉注：𥏼，智也；智，知也；知，𥏼也，均為心既悟解，隨口急應曰uhaga（𥏼智知）。今滿語曰喳（za）即知，滇西夷語則曰uha=𥏼智。唐韻以來，歌母多變旨母；蘇末時已然。

Zi 齊　Chigechi 直

⿸齊直齊亝

說文：「⿸齊直，等也」。从齊，妻聲，徂兮切，誤；古音chi。「齊，禾麥吐穗上平也」。从殷文亝，二聲（gar〔地」二□之二），徂兮切，古音ge。亝，殷文「齊也。象禾麥吐穗上平也」。亝、直重文，物齊則直，物直亦齊。「⿸齊直、齊亝」三字轉注：⿸齊直，齊也；齊，亝也；亝，⿸齊直也，均為直。蘇末之zi=ge音濟。

Zid 稷　稷

說文：「稷，齋也。五穀之長。从禾，畟聲（ochailga〔蹲、如弓之曲〕□□田人□畟之ga），子力切，古音ga。「齋，稷也」。即夷切。「稷齋」轉注

：稷，齋也；齋，稷也，均為高粱（此從段玉裁說）。蒙古語（古中國語）原語似已佚失。蘇末稷音語 zid 之 zi 即子力切之稷。d 為複合語音，蒙古語謂之接尾語，字不知何作。

Zig 夕

Heyege 傾斜

□昗昃

說文：「昗，俗昃字」，从日，夭聲，古音 ye。「昃，日在西方時側也」。阻力切，古音 ge。「昗昃」二字轉注：昗，昃也；昃，昗也，均為「日在西方時側」，杜君之夕即昃字。

Zu 知

uhagulga 使理解

䇓智䇓□知

諭誨誥□誡

「䇓智知」（uhaga）為名詞，義均為知；uhagulga 為使理解及誥諭之名詞，即「知之」之義。說文：「諭，告也」。羊戍功，誤；古音 u。「誨，曉教也」。荒內切，古音 ha。「誥，告也」。古到切，古音 gu。「誡，敕也」；玉篇：「告也」。古拜切。「諭誨誥誡」四字轉注：諭，誨也；誨，誥也；誥，誡也；誡，諭也，均為使「知之」。蘇末文 zi.（知）即使知之誥，歌母變為旨母矣。

肆、結論

杜博士介紹過來的蘇末語，除了Shi-Sin（四加三等於七）、Zid（稷），我沒有爲他寫出古中國語（在蒙古語中保存）和古文、殷文、周文、篆文外（註），其餘五十四個都已查對精確：蘇末語和石器時代以來的中國語及中國單音語可以說是音義完全相同——同屬於西方所謂「阿爾泰語族」即我所謂「夏語」（Horsiyal uge〔歌舞劇的語言〕夏□□哽□語講）。

就以上這種科學客觀地比較研究，再作較詳的分析如下：

一、蘇末語也有古中國以祖先名號託祀爲星座名號的典儀。中國以庖犧（Brahasbadi 木星）爲木星的名號而記音爲庖犧（Bha）、神農（Sanichar 火星）爲火星的名號而記音爲神農(Sani)、少皞（Shogara 金星）爲金星的名號而記音爲少皞（Shoga）；蘇末的 Dingir（Digir）也是 star（星）的意思。

二、蘇末（六千年前）已將複音的古中國語簡化爲單音或半複音，並有在單音語上下加一單音語而構成一個合成語（接尾語）的習慣。

三、複音的古中國語韻母兼聲母只有A（啊）I=y（壹）O（奧）U（烏）四個；蘇末語韻母兼聲母也應相同；但蘇、中的四個韻母兼聲母都有音變。

四、複音的古中國語沒有K、P兩個聲母；唐韻始見G變K、B變P；蘇末則在六千年前已見G變K、B變P。

五、複音的古中國語D（端）T（透）G（歌）J（旨）釐然分明；唐韻以來DT、GJ始混。蘇末則在六千年前已混。

六、複音的古中國語沒有Sh（薩）母——凡Sh母非純S母即純H母，H母又音變爲F母；蘇末則於六千年前S、H兩母已變爲Sh；惟就杜氏所介紹之蘇末語觀之，尚無 F 母（輕脣音）。

七、複音的古中國語恒在表示多數的名詞之末加S或T，如一個孩子 =Hubegun（孩孑子）變爲多數孩子卽成 Hubegut，此末之T卽 Tumen（萬）之T，寫成孩孑子多；一隻貓= Mil（貓貍）變爲多數貓卽成 Mils，此S卽 Soljir（奇數之數）之S（英語多數或加S，應爲蘇末遺習），寫成貓貍數。晉唐音（粵、閩語）則變加S之俗而加T或M或Men（們）仍爲 Tumen（萬）之T或M或Men（高本漢和今之古音家不懂粵閩音加T、M之本義）。蘇末早在六千年前亦已加M，如癲爲 Dim 卽癲萬、田爲 Dim 卽田萬。

八、中國的單音語，本自複音語全部音節都造成文字後，經只用一字而形成。其造成文字可溯自庖犧時代，例如八卦之☰卽乾字、☵卽水字、☷卽甾字之聲符，時間在黃帝以前至少一千年，卽五千六百餘年左右，當較蘇末爲晚。但我國複音語一萬八千餘個現完好保存於蒙古，而根據此複音語造成的「轉注」字也大體完整保存於說文解字之中，此則較蘇末泥磚更爲珍貴，於是蒙古史亦可上溯六千年。

自蘇末泥磚的楔形文字發現，歷經法人德拉古柏里以及較後的鮑爾、馬森、赫羅兹尼、富蘭克佛特等人的研究，大都認爲我國的語文和蘇末的語文間有關係。鮑爾所編蘇中語文對照兩千多字無論在音節（單音及半複音）、音變、文法結構（倒裝句與正裝句混用）、無屬性、字句結構（兩個單音字合成一詞）、由右向左（横寫）等等方面大體相同。——赫羅兹尼更指出「漢藏語應是蘇末語的阿爾泰語成分」（引自楊希枚先生「西洋近代的東方學及有關中國古史的研究」）。

據筆者研究，可以確定蘇先生的「屈賦新探」所謂「西來」卽由「外國」傳來的蘇末神話，本來就是中國六千年前的神話；而萬先生的「中華民族發展史」論定蘇末人乃是「西亞文化」卽中國的一部分，更爲正確。

註：蘇末語 Shi-Sin（三加四）見拙著「蒙漢語文比較學舉隅」；稷在古中國語（蒙古語）中佚失，故未比較。

六十四年四月四日完稿。

杜教授覆函

尺子先生：謝謝寄閱之大作，今已看完。先生的這篇大作，又將巴、蒙語文的關係建設起來。希望先生能得到Ball氏字典的全部資料，藉以完成一新穎的專著。但勿忘康健第一。此祝痊安

弟杜而未四月廿七日下午

解放鮮卑

鮮卑利亞是蒙古領土

研究「因國」，我已建立了反共抗俄的基本理論；「解放鮮卑」，我主張這是反共抗俄的最後目的。

在二十四段裡我提到「鮮卑利亞是中國領土」，這句話裏所包括的一部份的意義，是韓鳳林上校首先對我說的。韓上校東北蒙籍，日本士官學校畢業。九一八後一度親日，旋又率部抗日。民國二十二年，他任烏滂警備隊隊長。這是德王的保安隊，在察哈爾省錫林格勒盟的滂江駐防，對偽外蒙保持警戒。二十二年的冬天，我們在北平談到蒙古史，他說的大意是：明朝興起之後，元朝退往外蒙古和「西伯利亞」一帶，稱為後元帝國，和明朝戰爭了三百多年。清朝興起之後，用「大清國皇帝兼蒙古國皇帝」的方式，統治蒙古。當時蒙古雖然沒有中央政府，但各盟、旗、部的政府還是分別在內外蒙古和「西伯利亞」一帶成立着云云。我知道「西伯利亞」和蒙古有關，即和中國有闢，最初起於韓上校的談話。二十四年國慶後一日，蒙政會秘書長德王在百靈廟和我談個通宵，也提到「西伯利亞」。他說：「如果中央給我訓練十萬蒙古騎兵，我不單可以收復東蒙（按：時東蒙已淪陷日本手中），收復外蒙（按：時外蒙已淪陷俄國手中），也可以收復『西伯利亞』。前兩年我向　蔣委員長建議，在滂江成立軍分校，就是為了達成這個目的。　蔣委員長曾經派桂永清來籌備過。」接着他說：「『西伯利亞』是蒙古領土，那地方住着的人民如布里雅特、巴爾虎、烏拉特等統通是我們蒙古人，這叫沙賓蒙古就是鮮卑蒙古，地圖上寫成『西伯』，根本是弄錯了。成吉思汗統一這塊地方，分給他的兒子朮赤和窩濶台建立欽察汗國和窩濶台汗國，直到明朝才被俄國人滅亡了。但人是蒙古人，終會聽我們的。我們有權也有理由收復的，因為『西伯利亞』就是沙賓地，也就是鮮卑地，是蒙古人的領土，也是中國的領土。蒙古是五族共和裏的一族，漢、滿、回、藏都應該幫助蒙古。」次年五月十二日，德王親日，後來作了偽「蒙古聯盟自治政府」的偽「總裁」及「主席」，就是想着利用日本「防共」的企圖，練成騎兵，統一內蒙，收復外蒙，乃至收復鮮卑利亞。他倆的談話，我都發過社稿，韓上校的談話由雨時先生的復生社發出，還見過報，德王的談話由我的通信社（邊疆通信社）發出，根本沒有被各報睬理。

從二十五年到三十五年，這十年間，我涉獵蒙古史和俄國史，尤其二十八年到三十五年，專心通讀二十五史一過半，從魏書、北史（兩部鮮卑史）、元史、新元史裏證明德王和韓上校的話，完全合於史實；認為德王所提「收復西伯利亞」即「收復鮮卑利亞」的意見，尤其值得重視。三十四年日本投降，我奉到　蔣主席致德王電，當即轉去，德王接電，於九月二日飛抵重慶，「無條件反正」。三十五年冬，德王住在北平，我們時常見面，也曾談過這個問題。我說：「時機快成熟了，史太林和毛澤東這樣鬧法，必會逼得我國對蘇絕交，逼得我國抗蘇，世界各國尤其是美國必要對蘇宣戰。一旦第三次大戰爆發，你可以以蒙古人的立場，重新提出『收復鮮卑利亞』、『收復外蒙』的主張。」三十七年冬北平被圍，我在京曾建議×××、錢公來兩先生，轉報　蔣總裁，派一架專機迎德王入京，發給步槍三千枝（後由閻院長經手），赴西北遊擊。我相信如果他遊擊一天，必會提出這句口號。

「歷史的領土」與「地理的領土」

當三十八年四月我到鳳山講課的時候，把政工局規定的「蘇聯研究」改名「俄羅斯帝國主義侵略中華民族史」，簡稱俄帝侵華史。我從成吉思汗封朮赤為欽察汗，統治蒙古同宗的欽察人、朮赤之子拔都擴大欽察汗國（拔都西征）、解放被俄羅斯侵略的欽察人、伊凡第三吞滅欽察汗國（詳見拙作拔都傳）、伊凡第四吞滅鮮卑汗國、侵入鮮卑利亞講起；接講侵略去整個鮮卑利亞，侵略去整個中央亞細亞，稱這為俄帝對中華民族「歷史的領土」的侵略；接講俄帝侵略東北、侵略新疆、侵略外蒙，直到三十八年侵略大陸，稱這為對中華民族「地理的領土」的侵略。在政工隊第一期（三十八年五月）和初期的校官隊、尉官隊、幹訓班以及軍士隊，都用這個大綱。

當時我所用的參攷書，只有十餘種，如錢穆先生的國史大綱、陳恭祿先生、羅香林先生和金兆梓先生所著各史……全未提到這段史實。上述各史間或提到尼布楚條約以後的中俄關係，但幾乎全部認為尼布楚條約，是對我們有利的條約。如果我們把歷史的主人看做是中華民族（而且必應如此），馬上便可知道伊凡第三吞滅欽察汗國固然是侵略，伊凡第四吞滅鮮卑汗國，更毫無疑問地是侵略，因為鮮卑汗國在烏拉山以東，那地方正是鮮卑人的本土。俄國侵入了中華民族一宗族的鮮卑族的本土，當然是俄國侵華的開始。到一六八九年彼得第一和滿清簽訂尼布楚條約，中國承認外興安嶺以西以北的土地即鮮卑利亞為俄國「領土」，立在中華民族的立場看，尼布楚條約當然是對自己不利的條約。

一個新口號：「解放鮮卑」

這一講法，引起了全部學員生的新認識，並加強了他們的敵愾心。一直講到三十九年六月二十五日，正是政訓隊第三期在受訓，俄帝嗾使北韓傀儡金日成大舉南侵，國際局面作一百八十度的轉變，我們準備了三個師援助南韓，許多學員奉命集合。我的俄帝侵華史延長到八十三小時（校官隊最多有二十四小時　，尉官隊及幹訓班只有十二小時），我可以詳細講說，因在最末提出「收復大陸，解放鮮卑」八個字作爲結論，我說這就是我們「援韓軍」最終的使命了。九月，四訓班改組成爲軍校，校官隊、尉官隊、幹訓班、政訓隊全部解束：總計一年半以來受訓員生爲×萬位次，完全知道「西伯利亞」就是鮮卑利亞，這地方是我國「歷史的領土」，班內至少應有×千位次或更多的員生官兵知道「解放鮮卑」。軍校×××期迄今，由王蘇、劉珍兩教官接講，劉教官並且提出「把我們的國旗插在烏拉山上」的口號。四十一年五月，我調赴步校，凡高級班、初級班和一部分軍士隊的本課和匪情研究都由我主講，一年多以來，受訓員生總計爲×萬餘位次。他們對於「鮮卑利亞是中國領土」及我們必須「解放鮮卑」的反應之熱烈，已擇錄列入二十四段，可見一斑。此外，四年以來，南臺灣的陸、海、空官生戰士及全部中下級政工人員總計八萬位次，最少聽我講過八小時最多十二小時；至於受訓員生返回部隊，間接講授的數字，無法統計。

除了上述的講課之外，我還發表了許多散文和論文，揭露鮮卑利亞史地的眞像：四十年寫「極北旅行記」，四十一年一月主編「俄帝侵華史實特輯」（在戰鬪青年半月刊發表），四十一年春寫「鮮卑五千年大事」，四十二年春寫「解放鮮卑」，五月在高雄救國團講「鮮卑問題」，中央日報曾載有記者的記錄，全文後由中國生命線刊出。目前正準備編輯「鮮卑利亞是中國領土專號」，並着手成立「鮮卑利亞學會」，以「研究鮮卑，解放鮮卑」爲宗旨。

何秋濤的研究

我曾講到，除了德王和韓上校外，近百年來第一位發覺鮮卑利亞和中國有關係的人，係何秋濤先生。何先生字願船，道光二十四年（西一八四四年）進士。著有遼金元北徼諸國傳、元代西北疆域考、哈薩克述略等書，尤以朔方備乘（原名北徼彙編）爲最有名。從他的書裏可以看出二千年前，鮮卑疆域領有今天的東部鮮卑利亞，所謂俄國的亞洲「領土」卽所謂東「西伯利亞」和中央「西伯利亞」實是鮮卑的領土。朔方備乘云：

「東漢、魏、晉之鮮卑，其庭幕（按：中央政府）在喀爾喀（按：今外蒙），而封畛則遠及北海（按：今貝加爾湖）。今俄羅斯東偏之錫伯利（按：卽鮮卑）部地，咸爲所兼併。」

又云：

「鮮卑音轉爲錫伯。今黑龍江南、吉林西北有錫伯部落，卽鮮卑遺民。」

上面他考定鮮卑就是今天滿宗族中的錫伯（按：也就是蒙宗族中的斜婆、說白或沙賓），和我國中古時鮮卑的「封畛（按：卽領土）遠及北海」。他這一結論，實有他一千三百年前古史的根據，這就是二十五史裏的魏書和北史。魏書係北齊、魏收所著，北史係唐、李延壽所著。北史卷九十四、列傳第八十二、烏洛侯傳云：

「烏洛侯國在地豆干北，去代都（按：今大同）四千五百餘里。其地下濕，多霧氣而寒。無大君長，部落莫弗、瞞咄（按：莫弗、瞞咄皆鮮卑官名。瞞咄後寫爲滿洲）皆世爲之。其俗：繩髮；皮服；以珠爲飾；人尙勇；不爲姦竊：故慢藏野積，而無寇盜；好射獵。樂有箜篌，木槽革面而施九弦。

「其國西北有完水，東北流合於難水，其小水皆注於難，東入海。又西北二十日行，有于巳尼大水，所謂北海也。太武眞君四年，朝，稱：『其國西北有魏先帝舊墟，石室南北九十步，東西四十步，高七十尺。室有神靈，人多祈請。』太武遣中書侍郎李敞告祭焉，刋祝文於石室之壁而還。」

按：同傳也記載室韋。室韋今爲興安省西北縣名，在黑龍江上游額爾古納河東岸，漢唐宋時係室韋遊牧地，蒙古卽出於此部。同傳稱：「地豆干在室韋西北千餘里」；而烏洛侯更在地豆干北，這已是今天的東鮮卑利亞了。「其地下濕，多霧氣而寒」，還和今天那裏的氣候相同。由烏洛侯「又西北二十日行」，抵北海，已到了中央鮮卑利亞。這地方竟「有魏先帝舊墟」，證明它一向是鮮卑的領土；魏「太武遣中書侍郎李敞告祭，刋祝文於石室」，在今天國際法觀點上，這已等於揷上國旗，認定領土了；時爲西曆四二四至四四八年之間，早於西曆八六二年盧立克始建俄羅斯四百多年。魏書也有上述同樣的記載。——何先生論定鮮卑「封畛遠及北海」，這烏洛侯傳就是現在尙存的史證。

不過，何先生認爲「今俄羅斯東偏之錫伯利部咸爲（鮮卑）所兼倂」，却屬偶爾失查。當東漢（西曆二二五——三一九）時，鮮卑之領有「錫伯利」部地，並不是由於「兼倂」而得：因爲鮮卑原本就住在那個地方，無須「兼併」；那時還沒有俄國，當然不是從俄國手裏「兼併」。這裏更有許多證據：一、如上引北史烏洛侯傳所說，那地方本「有魏先帝舊墟」（古城或故宮）；二、鮮卑在秦漢時本被內地人稱為東胡，迄今中央鮮卑利亞還留有東胡河，誤譯為「通古斯河」；三、鮮卑自稱自己原住地是鮮卑利亞，看北史卷一、魏本紀第一：

「魏之先，出自黃帝軒轅氏。黃帝子曰昌義，昌義之少子受封北國，有大鮮卑山，因以為號。其後，世為君長，統幽州之北，廣漠之野。畜牧遷徙，射獵為業。淳樸為俗，簡易為化，不為文字，刻木結繩而已。時事遠近，人相傳授，如史官之紀錄焉。

「黃帝以土德王。北俗謂『土』為『托』，謂『后』為『跋』，故以為氏。其裔始均，仕堯時，逐女魃於弱水，北人賴其勳，舜命為田祖。歷三代至秦漢，獯鬻、玁狁、山戎、匈奴之屬，累代作害中州；而始均之裔，不交南夏：是以載籍無聞。

「積六七十代，至成皇帝諱毛，立，統國三十六，大姓九十九，威振北方。成帝崩，節皇帝，貸，立……（按：略去莊、明、安三皇帝）宣皇帝，推寅，立。宣帝南遷大澤，方千餘里，厥土昏冥沮洳。謀更南徙，未行而崩……

「獻皇帝，鄰，立，時有神人言：『此土荒遐，宜徙建都邑。』獻帝年老，乃以位授子聖武皇帝，命南移。山谷高深，九難八阻，於是欲止。有神獸似馬，其聲類牛，導引歷年乃出，始居匈奴故地。其遷徙策略，多出宣、獻二帝，故時人並號曰『推寅』，蓋俗云『鑽研』之義」。

李延壽此傳，和魏收魏書卷一、帝紀第一、序紀在基本上是相同的，可以說他全抄魏書。這傳裏固然有「神人」「神獸」等神話，但也有重要史實，使我們可以看出鮮卑人原是黃帝的子孫，和今天漢宗族是同祖，而且這還是至少一千六百四十餘年前（西晉末年）他們自述的（見魏書、北史的衛操傳）；主要的是可以看出鮮卑在宣皇帝以前（西五〇年頃）便住在貝加爾湖以北、以東或以西，以後才「南遷」「居匈奴故地」的今內外蒙古一帶。但這僅止是拓跋氏宗支和九十九大姓的遷徙，其他各氏還是留在鮮卑利亞（證據是自古迄今該地總有鮮卑）：所以鮮卑利亞是鮮卑人的故鄉，並非「兼併」即侵略來的。又，他說「鮮卑音轉爲錫伯」，是由於不懂古音，古音鮮讀錫，卑讀伯，鮮卑就是錫伯，沒有音轉。

丁謙的研究

第二位發現鮮卑利亞和中國有關係的學者是丁謙先生。丁先生係同治四年（西一八六五年）貢生，著有歷代史籍地理考證二十九種，凡大唐西域記、西遊記、經行記、西遊錄、異域錄、元祕史、西域求經記、佛國記、穆天子傳及各正史的西域傳、匈奴傳、四夷傳、外國傳裏所有地理名位，一一予以考訂，並著有馬哥博羅遊記補注改訂、元代客卿馬哥博羅遊記地理補注，以及宋徐霆黑韃事略補註等書。在後漢書鮮卑傳地理考證裏，他說：

「大鮮卑山（按：即薩彥嶺或沙賓達巴哈）在俄屬伊爾古斯科省北、通古斯河南（按：今東胡河）。今外蒙古以北之地，西人皆稱之爲『悉必利亞』。『悉必』即鮮卑轉音，以其地皆鮮卑人種所分住，故也。」

他考定「悉必利亞」就是鮮卑利亞，「以其地皆鮮卑人種所分住」，這是正確的。他的根據應比何秋濤時進步，除了魏書和北史的帝紀外，還有俄國材料可用。當丁先生著書的年代，伊爾庫次科（即伊爾古斯科）經俄國設「省」，派「總督」已三十餘年，有名的「總督」穆拉維約夫，以至後來成爲俄國思想家的克魯泡特金，都奴役過鮮卑利亞。鮮卑大鐵道不久也開工了（西一八九一），赤塔（應譯爲契丹）也早被俄國設「省」，俄國「皇家礦山」（金礦）盛產黃金，俄國大批殖民湧入東鮮卑利亞，地圖出版數種，鮮卑人對俄國的抵抗早已停止而被征服。據克魯泡特金自傳所稱，鮮卑利亞的鮮卑人（他稱之爲「通古斯人」，應譯爲東胡人）有五十餘萬，蒙古人也有許多；哥薩克人（應譯爲契丹人）更爲不少。克魯泡特金以間諜身份，組織的「商旅隊」就包括「十二個哥薩克人和一個通古斯人」，「所有哥薩克人都懂得蒙古話，而通古斯人又懂得滿洲話」，又云：「哥薩克最愛探問，眞不愧爲蒙古種人」。克魯泡特金帶着這個「商旅隊」，越過興安嶺，到達嫩江，東下抵海參崴，又轉身到吉林（參見開明版「克魯泡特金自傳」）。可以說正是俄國積極消化東鮮卑利亞，並積極侵略東北的時代，丁先生也可多明悉一些鮮卑利亞的史地，他所著的各書，關於中亞、鮮卑利亞，比何先生詳確多多，也是時代使然。不過他說：「悉必卽鮮卑轉音」，也由於他不懂鮮卑古音正讀「悉必」，這只是錄音時間有先後，並非轉音，而是一音。

洪鈞的研究

第三位是洪鈞先生。洪先生字文卿，係同治七年（西一八六六年）進士，出使俄、德、荷、奧等國三年。他根據元朝西域回教徒拉斯特和志費尼及近代法人多桑蒙古史等著作，著元史譯文證補三十卷（有缺卷）及中俄交界圖、西夏國志等書。元史譯文證補屬稿於光緒十五年（西一八八九），至光緒二十三年（西一八九七）始經陸潤庠刊行。這是宋濂元史以後第一部力作。何、丁兩先生還沒有正面說明俄帝侵略我們的鮮卑利亞，到洪先生已淸淸楚楚提出這段史實。

他在卷四的朮赤補傳裏先記朮赤於元太祖二年（西一二〇七年）征和林西北部族，招降斡亦剌（按：今稱烏拉特，卽北史的烏洛侯，也卽今烏梁海，也卽中亞的「唯羅自治州」）、不里牙特（按：卽布里雅特）等部，復招下乞兒吉斯（按：卽今中亞的吉爾吉斯）及「失必兒」。他在「失必兒」下註云：

「『失必兒』當卽鮮卑之異譯。今俄國名烏拉嶺一帶曰西『悉卑爾』，黑龍江一帶曰東『悉卑爾』。或作『錫伯利』。審音考地，皆屬鮮卑。……又，也兒的石河東、托博爾斯克之南三十二華里舊有『悉卑爾城』，向屬元代後王（按：這當是韓鳳林上校所本者）；明萬曆九年俄將亦耳馬克攻下之。今城址尚存。」

補傳正文和自註已確定了「失必兒」就是「悉卑爾」也就是鮮卑（文中著一「當」字是學者愼重之語）；並記明萬曆九年（西一五八一）「俄將亦耳馬克攻下之」，指明俄帝侵入我中國「元代後王」的領土鮮卑利亞來了。也兒的石河係我元史上地名，今譯名額爾齊斯河，托博爾斯克今譯托波爾斯克。「悉卑爾城」舊址已被俄人放棄，另在托木河西、鄂博河（誤譯鄂畢河）東岸，建「新西伯利亞城」，爲鮮卑大鐵道重要車站。

他在卷六忙哥帖木兒諸王補傳之後，作一附考，先述明「洪武十二年（西一三七九）薩萊王馬邁（按：欽察汗國）與俄國莫斯科王得米特里第四伊萬諸委特戰於端河（按：今頓河）東大敗之。」以下歷述蒙古和俄羅斯的戰爭，按記明宏治十四年（西一五〇一），俄羅斯滅薩萊（按：欽察汗國首都，今譯爲薩拉多夫），嘉靖三十年（西一五五一）俄王伊萬第四滅喀桑（按：欽察汗的分封國，今譯喀山），下邊講道：

「先是，烏拉嶺東『悉畢爾』之地，朮赤後王建國於求綿城（按：今譯爲第烏門，爲喀山、鄂木斯克鐵道過烏拉山東一大站）。伊萬第四收撫黑海喀薩克部（按：卽哥薩克人亦卽契丹人），用其部人爲將，萬曆九年（西一五八一）遂滅『悉畢爾』，元後裔之在西者略盡！」

這正是最早的「俄帝侵華史」了。

他這大著的最精審的部分，是卷二十六上元史地理志西北地附錄釋地上、卷二十六下地理志西北地附錄釋地下、卷二十七上西域古地考一、卷二十七中西域古地考二和卷二十七下西域古地考三。我們如欲研究鮮卑利亞、中央亞細亞和我國的關係以及俄國史地，都必須精讀。例如西域古地考一裏的奄蔡條內說：

「當商、周時，古希臘國人已至黑海，行舟互市，築室建城；秦漢之時，羅馬繼之，故亞細亞洲西境部族播遷於歐羅巴洲者，惟希臘、羅馬古史具載梗概。今譯其書，謂裏海以西、黑海以北，先有『辛卑爾』族居之（原註：距今二千六百餘年），蓋東方種類，城郭而兼游牧者。（原註：黑海北境有『辛卑爾』古城，黑海峽口初名『辛卑爾峽』。今俄人名烏拉嶺一帶曰西『悉卑爾』，殆由於此。中國漢後鮮卑部名，倘係後見。）厥後有粟特族（按：西徐亞）越裏海北濱，自東向西，奪『辛卑爾』地，『辛卑爾』人四散，大半竄於今之德、法、丹、日等地。有來入羅馬，爲羅馬擊殺無遺。」

他由希臘（按：當爲希羅多德的史記）、羅馬的古代史裏查出「二千六百餘年」前卽當我國商、周時代，鮮卑人（卽「辛卑爾」）已經住在裏海以西、黑海以北，黑海峽口初名鮮卑峽（今名韃靼尼爾海峽），並散入德、法、丹、意等地，可以幫助我們了解古代鮮卑人在今歐洲的分布，說明今天俄國裏海、黑海的「領土」，在「二千六百餘年」前就是鮮卑的領土，四百年前（欽察汗國時）還是鮮卑——蒙古的領土。我們對照周書嘗麥的絕轡（鮮卑古音）

係黃帝所命名，尙書禹貢的織皮（鮮卑古音）受禹王的封號，穆天子傳載周穆王曾到過西北大曠原，左傳昭元年所載姺邳（鮮卑古音）和商朝失和，及國語的鮮卑爲成王守燎，可知古代鮮卑的活力是如何的充沛了。

梁啓超的研究

第四位是梁任公先生。梁先生在近代思想界、學術界的光榮地位，婦孺皆知。他著有一冊「俄羅斯侵略史」，記錄俄國侵略鮮卑利亞、中央亞細亞、蒙古、東北及歐洲的經過，是洪鈞先生以後的第二部「俄帝侵華史」。我幼時讀過，名爲「國恥痛史」，記得是很古奧並且極沈痛的。現在在臺灣可以找到廣益書局三十七年版飲冰室文集，裏面至少有三篇文章提到鮮卑利亞，第一篇題爲「論民族競爭之大勢」，寫於庚子、辛丑之間。他說：

「俄羅斯之帝國主義，由來最久。……俄人之欲建大帝國也，起於突厥未據君堡以前。第十世紀時，烏拉秩米第一受洗於君堡，娶東羅馬帝之女，實爲俄人與君堡交涉之始。其後爲蒙古所侵害，雄圖一挫。至十五世紀後半，伊凡第三又娶東羅馬帝之姪，始稱尊號曰沙，用東羅馬雙鷲徽章，隱然以承襲羅馬帝統自命。……至十六世紀，伊凡第四益鞏勢力於墨斯科，號爲第三羅馬：遂越烏拉山，進入鮮卑（原註：卽「西伯利亞」），實大彼得以前百年間事也。十七世紀之下半，彼得卽位，銳意侵略……開化歐俄及鮮卑。」

五十年前，梁先生所知的俄情，比今天的我們還深刻；而最重要的是他指明「西伯利亞」就是鮮卑，一篇文中，兩次提示，眞令今天的史地家——硬不承認「西伯利亞」應正名爲鮮卑利亞的「史地家」愧怍死了！梁先生另一篇文章題爲「新史學」，共六章，當作於甲午以後，距今已快六十年了，其第四章「歷史與人種之關係」裏列有一表，名「歷史的人種」，分黃白兩種，在黃種乙項塡有蒙古人、韃靼人和鮮卑人；他在鮮卑人三字下原註云：「卽今西伯利亞人」。梁先生又一篇文章題爲「亞洲地理大勢論」，自稱係以日人志賀重昂的地理講義爲藍本而參以己意，內稱：「西伯利亞人所奉者沙瑪尼教」云云，沙瑪尼教就是元史的珊蠻教，今稱薩滿教（當卽蘇末教），爲鮮卑宗族四千餘年來一貫信仰的宗教，所以梁先生（或志賀）是知道「西伯利亞人」就是鮮卑人。

鮮卑是中華民族的一支

總之，何秋濤、丁謙、洪鈞、梁啓超四位先生從一百年前到六十年前，便已精研鮮卑史地，確實考定不僅鮮卑利亞是鮮卑的領土；鮮卑人的領土且達到今天的韃靼尼爾海峽和南俄；直到明朝萬曆年間，俄國才侵略過了烏拉山，到達西鮮卑利亞——蒙古欽察汗國的領土。按：蒙古是中華民族的一個宗族，所建元朝是中國的正統王朝；鮮卑四千多年來也是中華民族的一個宗族，所建北魏亦爲中國的正統王朝，當然北魏和元朝的領土也就是中國的領土。

民國以來，刊有三巨冊權威辭典，即商務印書館的辭源、中華書局的辭海和最新世界地名詞典（葛綏成先生編），其中「西伯利亞」條下都註明「即鮮卑」字樣，大約是採用了何、丁、洪、梁四位先生考證的果實。

上面介紹了近百年來何秋濤、丁謙、洪鈞、梁啓超四位學者研究鮮卑史地的成果。總結他們的研究：「西伯利亞」眞正名字是鮮卑利亞或鮮卑地方；幾千年來，鮮卑領土西南至韃靼尼爾海峽，西北至南俄克里米亞半島及欽察汗國舊疆，北方包括今鮮卑利亞全部。鮮卑利亞於四百年前才開始淪入俄國。

「鮮卑卽夏說」

據我進一步發展了四位先生的研究，一向認爲鮮卑不僅止於是中華民族的宗族之一，似乎就是中華民族的「祖族」——夏族的另一錄音：今天中華民族裡包括的漢、滿（含鮮卑卽錫伯）、蒙（含鮮卑卽沙賓）、回（含哈薩克）、藏、苗、僰……等等宗族，乃至日本、朝鮮、泰國、安南……也似乎都是從鮮卑（夏伯）分化而來。這一問題，可以寫成一部大書來解答，今後幾年我決定用一部分時間在這方面用功。現將三十八年迄今初步研究結果，寫在這裡。

四十二年五月講「鮮卑問題」時，我發表「鮮卑卽夏說」：

「中華民族今天雖由漢、滿、蒙、回、藏等幾個宗族所結成；但這幾個宗族實是從一個『祖族』漸漸蔓演而來。這個『祖族』，在孔子的書上（尙書、春秋）寫爲『夏』。『夏』就是鮮卑的『鮮』字的最初錄音。」

（見中國生命線、戰鬥青年、中央日報）

當時聽衆都是救國團團員，兼以限於時間，不能詳細說明何以鮮卑就是夏族。其後講稿發表，接到許多研究歷史的朋友和團員的來信，表示很注意這個新說，希望我早日拿出證據。我的證據，計有十個．

第一證——鮮字古音與夏字古音相同

一、鮮、夏對音——鮮，古音大約有二：甲、音先（Shian）、姚、辛、莘；乙、音析、錫、賜、西、失、試；現在音先。夏，古音大約有二：甲、秦以前音西——只讀語根（Shi），不讀語尾。詩經、時邁，夏與矢爲疊韻，而矢通西。春秋時鄭國有公孫夏，字子西，陳國有公子西，字子夏，表示夏和西不單同義（拙作「東西南北說」說西尤詳，不具），而且同音（古人名、字，音義多同）。乙、秦、漢以後至宋音戶雅切——與華（戶化切）音同；現在音下（Shinh）。——這裡證明：甲、鮮和夏二字有時同音（鮮音西、夏也音西）；乙、有時用同一語根（Shi）。大約距今四千七百年前（黃帝時代，或更以前），夏族沒有文字，只有語言，名自己爲「夏伯」（Shibe）、「夏貊」（相信古書上必有這兩詞，我未查到）或「鮮卑」（Shibe）的音。其後由鮮卑利亞南下，經由中央亞細來亞到中原黃河流域，製定文字，錄音爲「夏伯」，減寫爲「夏」（Shi），如今美利堅減寫爲美、英吉利減寫爲英、俄羅斯減寫爲俄者然。其後許久，又有夏族南下，遂被先來的夏人寫爲織皮（音試比、鮮卑）、奢比。至春秋時，寫爲姚邳。時亡朝巳久的夏族又被稱爲有辛（獫）、有莘或高辛。戰國時又由鮮卑格勒南下一批，被稱爲鮮卑。

上引洪鈞先生的元史譯文證補內「奄察」條提到的希臘古史，當是公元前五世紀希羅多德的史記。據希臘古史載：公元前七世紀，自今黑海東北頓河口附近，經窩瓦河流域，越烏拉山，至額爾齊斯河而入天山的商路，已被希臘人所發現云云，可知希臘商人在我國周朝時已到達周書所稱的「大夏」或穆天子傳的「西夏」，並是經「辛卑爾」（鮮卑）、「阿速」而來；又，在希羅多德以前，希臘人已分世界爲「亞細」和歐羅巴：這裡「大夏」、「西夏」、「辛卑爾」、「阿速」和「亞細」五詞之間有什麼對音的關係？我們從韻學上看，「亞細」希臘古音本作Assu

，似卽「阿速」（從地望看，「阿速」也似卽「亞細」）。而「阿速」實係由鮮卑轉變而來的蒙古人（白蒙古）亦卽白契丹，至欽察汗國時代（七百年前）尚在阿速海岸（今譯亞速海）遊牧。依上推論，「亞細」似卽「阿速」，在所代表的人種上似卽「辛卑爾」，也似卽周朝的「大夏」或「西夏」的一部。且「亞細」的「細」，「辛卑爾」的「辛」，鮮卑的「鮮」和夏，如上文所說，也正是同音——音西，或通西：所以我認爲夏人似乎是「阿速」人，也就是鮮卑人。

夏，古音西，與鮮古音西相同，還有一證。——這須從「支那」一詞說起。舊說「支那」係由「秦」字譯成的。我對此說，不敢同意，因爲第一、「秦」聲威最盛時在始皇時代（公前二四六——二一〇），但印度旃陀王時代（公前三二〇——三一五）的鉅著「高底里雅」裡已見「支那」一名，早於「秦」字可能名揚外國近於一百年：「支那」卽「秦」絕不可能；第二、China 一字源出拉丁文Sina，複寫爲 Sinae，Si 是語根，讀「西」，與鮮古音「西」爲一音，並不讀「秦」；Sina合讀爲「西那」，Sinae爲「西內」，與夏、鮮古音「西」亦爲一音；Sina中的a乃地方的意思：所以我認爲Sina或Sinae 卽 China（「支那」）可能也是「夏地」的譯音。——由此也可知夏在古代音「西」（Sinae合讀時），又音「辛」（Sin），和鮮卑的「鮮」一音：證明鮮卑乃夏的另一寫法。

鮮卑在周書上錄音爲絕轡（見下文「鮮卑利亞爲黃帶所領有」），音徐必。在史記匈奴傳錄音爲胥紕。可徵在漢唐時代，某地方言讀鮮爲徐或胥，卽鮮另有一古音，音徐(西余切)。而徐州在漢稱爲下邳，在戰國稱爲薛，在殷稱爲姚邳：可知徐字、下字、薛字，姚字都是一音之轉。若然，徐與下卽夏，也是一音之轉。就是說：夏音徐，鮮亦音徐，而夏、鮮是一音了。又，夏字依日本音讀爲ショ，近徐，亦係唐音。——四十四年付印時註。

第二證——鮮、夏均在今鮮卑利亞

二、鮮、夏地望——西洋學者稱鮮卑爲「較進化之匈奴人」（韋爾思），屬「蒙古利亞種」，並稱「蒙古利亞種」從舊石器時代以前便住在今天的鮮卑利亞。這經最近俄國科學院披露的鮮卑利亞和阿姆河流域考古，再度予以證實。該院結論爲「鮮卑利亞人和中國華北人種同一血統，在葉尼塞河和喀喇千達河（黑契丹河）之間，留下黑墟（Karasuk）青銅文化」云云。我們把這些史實和我國古史所記夏族從西方、北方來到中原的諸說，作一對比，顯然可以發現許多翻新的歷史。我們都知道，夏族的始祖是軒轅黃帝，許多古代載籍都說黃帝是從西方向東來；西洋學者持此說者也有許多人。近二十餘年來，我國學者（及若干西洋學者）不同意黃帝西來；主張中華民族起於黃河流域。在價值論的立場上，我們寧願黃帝生於中國本土；但在歷史論的立場，我們所看的古史（包括史前史）却都和這一說相反。——從「北京人」算起，四五十萬年以來黃河流域便有某些我們古代祖先，這是不成問題的；但黃帝到禹這一支夏族古祖，必是從今天我們秋海棠葉形的「地理的領土」以外的北方轉西方來到黃河流域的，這樣才和古史的紀載及紀錄相符。

但夏族（夏伯）的來處在什麼地方？埃及？巴比侖？都不正確，因爲黃帝是道地的黃種人——夏種即華種即「胡」種（夏、華、「胡」、黃、「匈」以及韓、和都係一音之轉），和埃及人、巴比侖人的種屬絕不相同。（巴比侖的蘇末人必不是白種，埃及是無論如何也說不到的。）據方杰人（豪）教授中西交通史引法國學者巴伊於西一七七五年研究我們古代天文學後的結論說：我國古代科學係由一已經消滅的民族所授（按：這一民族迄未消滅，即夏族（漢）也就是鮮卑，遷到中原來了）。這一已消滅的古民族，似在亞洲近北緯四十九度的地方，而向南北遷徙。又引同時的法國生物學家步風之說，以爲人類文化乃發祥於中亞北緯四十度到五十度的地方。我對這兩位法籍學者的學說雖不得知其詳，但認爲他們業已觸及夏族發源於鮮卑利亞而分波南遷中原的歷史事實。因爲我國古史所記，黃帝到禹都和「大夏」、「西夏」有不可分離的關係。許多有關材料，留待下面逐一引用說明，此處先看我手頭有的秦代呂不韋所編的呂氏春秋（上古史的綜合著作），其古樂篇云：「昔者黃帝令伶倫作爲律。伶倫自大夏之西，乃之崑崙之陰，取竹之嶰谷……」同書講「大夏」都位於北方，如云：「北方曰大夏」，「北至大夏」，「禹北至大夏」；先秦古籍周書也說：「正北大夏」。呂不韋的正北以咸陽爲基準，周書的正北以魏（山西、河南）爲基準，可知正北必在今外蒙古、內蒙古及鮮卑利亞一帶。記得故柳翼謀先生主張「大夏」在今綏遠一帶，故傅孟眞先生主張夏在西方；我認爲「大夏」所在，應比他倆所指的地方更遠一點。又，上引呂氏文「大夏之西」，當卽「西夏」，「自大夏之西，乃之崑崙之陰」，分明是由西向東來。此「西夏」數次見於周書，列在「正北」，穆天子傳也說：「自陽紆西至於西夏氏，二千又五百里。」「疑古降毛派」童某主張「西夏」在今新疆。由上述「大夏」、「西夏」的地望看來，縱不能確指就是今天的鮮卑利亞或中亞，但總會距離鮮卑利亞或中亞不遠。在遊牧時代，夏族（黃帝）由鮮卑利亞經中亞卽由北緯四十——五十度處南來，到黃河流域，騎馬不過是幾個月的途程。（山海經說此尤詳，見下文。）

第三證——鮮、夏血統文化相同

三、田野古蹟——近三十年來我國田野考古證明，離鮮卑利亞越近，發現的石器越舊，越遠則越新。如蒙古、綏遠到新疆的石器，都屬於早期的新石器；而長城以南的新石器則屬於晚期：這表示新石器時代住在蒙古、綏遠、新疆的人，有越往南來越進於文明的史蹟；同時也表示使用晚期新石器的人是從使用早期新石器的地方遷徙而來。

這些使用新石器的黃種人（以及極少數使用舊石器的人如「北京人」），西洋學者和我國學者都稱之爲「蒙古利亞種」。這個名詞，在歷史上根柢很淺。因爲蒙古卽靺鞨，靺鞨見於歷史始於括地志，蒙古見於歷史始於元史，最多不過千把年，最知名僅七百餘年；而且靺鞨卽蒙兀，只是室韋之一氏族，室韋正是鮮卑（由鮮卑利亞來到今興安省的鮮卑）。鮮卑則最早見於禹貢，時寫爲「織皮」，昔試比，名詞成立至少也有二千五百年了，還在孔子以前。如本文所說「鮮卑卽夏伯」能够成立，則夏之一詞至少也有四千七百年了，都比「蒙古利亞種」根柢深厚。我不同意「蒙古利亞種」一詞，擬名之爲「鮮卑利亞種」，或「夏種」。

上文引俄國科學院公佈：鮮卑利亞人和今天華北人種係同一血統云云，換句話說：鮮卑利亞人是黃種，卽俗說的「蒙古利亞種」，用我的擬名就是「鮮卑利亞種」或「夏種」。俄國人發表這一史實，他的企圖是很明顯的：麻醉毛澤東輩以達成俄國吞併華北建立「土鮮滿蒙帝國」（胡秋原先生的名詞）的野心。但在我看，無寧欣喜他們這一宣佈，因爲如他們自己所說，鮮卑利亞人既和華北人種相同（其實和全中國均相同），則華北人就有據可說鮮卑利亞是我們「歷史的領土」。我們到底是黃種，而俄國人到底不是黃種，這是無法纏夾的。

進一步我們應當知道：民國十五年到二十二年，周口店（河北省）發現「上洞老人」一個是埃斯基摩種即黃種（一〇三號），一個是美拉尼西亞種即白契丹（一〇二號），一個是俗說的「蒙古利亞種」（一〇一號）即我擬名的「鮮卑利亞種」或「夏種」，各約兩萬歲。在抗戰中約民國二十二年及二十九年，扎蘭屯（黑龍江省）出土「扎賚諾爾人」，約一二萬歲。據日本學者測定也是所謂「蒙古利亞種」即我擬名的「鮮卑利亞種」或「夏種」。除這兩次外，更早的當然是民國十五年到十九年發現的「北京人」了。有些學者說他是「蒙古利亞種」，有些人又說不是；如果是「蒙古利亞種」，也就是我所擬名的「鮮卑利亞種」或「夏種」了。——由這些我所擬名的「鮮卑利亞種」或「夏種」（「北京人」、「上洞老人」（一〇一號）、「扎賚諾爾人」和俄國科學院的「鮮卑利亞人」）的骨型上證明，以周口店爲中心，鮮卑利亞、克里米亞、韃靼尼爾爲半徑，向北向西半個圓周之內　四五十萬年以來，統通是「鮮卑利亞種」或「夏種」生活的世界。

按：上面「夏種」世界半徑包括今天的南俄和中亞。我的這一測定，始於三十九年北韓進犯南韓的一週以後，當時有一百幾十名政訓隊三期的學生聽我講演，大家想該記得。三年之後的四十二年冬天，太平洋科學會議在非律賓集會，有兩位學者的論文，由田野考古證實了拙說。一位是日本京都大學教授水淸野一，論文題爲「史前期之中國——仰韶文化及其他」，說明我國新石器時代遺址所呈現的文化，一爲較早的仰韶彩陶文化，散佈於豫、冀、晉、陝、甘、綏、熱、遼及臺灣；一爲黑陶文化，分見於豫、冀、魯、遼、浙、川及臺灣等地。他的結論稱：大體上這二文化型可謂西方及東方或大陸及海疆兩種云云，就是說：彩陶爲西方文化，即從西方移來者。我爲他說明白點，就是彩陶乃由新疆以西移入中原的。另一位是香港大學教授林仰山，論文題爲「華北彩陶及黑陶文化以及東南部史前期原史期之文化」，結論是華北彩陶和波斯、南俄者相似云云。水淸野一說彩陶是西方文化，林仰山乾脆說彩陶和波斯、南俄相似，依我三年以來的看法，這證明波斯、南俄（我們要注意

：南俄這一詞，頂多只能從欽察汗國被俄吞滅時才告成立）到華北，使用彩陶的是一種民族，彩陶範圍是這一民族「歷史的領土」。南俄（含波斯）一帶，據洪鈞所引希臘古史所記，從公元前七百年直到四百年前俄人未到之前，始終住着鮮卑（夏）人，絕無俄國人，四百年前的今南俄絕非「西方」，亦絕非俄國「領土」，而係鮮卑領土。我們讀了水清野一和林仰山兩先生的論文，可以作出確確實實的結論：「夏種」即鮮卑亦即今天華北人，在彩陶時代曾住在今南俄和中亞（波斯）。——四十三年四月十八日註。

第四證——鮮、夏器

四、殷墟文物——五十多年前發現甲骨，直到抗戰前大規模發掘殷墟，共得（存）甲骨約十萬片，「殷墟人」頭骨一千餘個，其餘陶器、玉器、骨器、銅器、車飾、雕刻……為數也很多。首先我們要注意這十萬片甲骨。甲骨名為「卜骨」，係殷王室「問心處」的檔案。殷代諸王無事不卜，由「巫」（史）為之。「巫」為鮮卑利亞古宗教珊蠻教（當即蘇末教）的「神甫」或「牧師」，也就是秦漢的方士。殷室何以如此好卜？因為夏、殷同是祖禹的（禹為夏祖；但禹也為殷祖，看商頌頌禹，周書有「殷之五子」即夏之五子，及史記「禼為殷祖」可知。禼當即禹之訛字）：夏殷是一種人。

明白夏、殷同祖，我們便可研究這一千多顆頭骨了。頭骨出土於侯家莊大墓，經中央研究院測定，大墓的「主人」和這些殉葬的活「俑人」，全部是所謂「蒙古利亞種」，也就是我所擬謂的「鮮卑利亞種」或「夏種」了。這種「殷墟人」，和「北京人」、「上洞老人」（一〇一號）、「扎賚諾爾人」及俄國人發現的「鮮卑利亞人」，也全部是西洋人所謂「蒙古利亞種」，就是我所擬謂的「鮮卑利亞種」或「夏種」了。「殷墟人」是無可懷疑的「鮮卑即夏伯」的證明。

其次，我們知道這一千多位「俑人」都是「主人」的殉葬者。看過董作賓先生「甲骨學五十年」描述的殉葬儀注，使人驚異它的規模之大，是世界上少見的，只有秦代三良（見左傳）和始皇驪山陵羨可以彷彿似之。何以殷、秦兩朝殉葬制度相同？我的說明是這樣的：殷人出於禹，係「夏種」；秦人出於顓頊，也係「夏種」：兩者都出於黃帝，而黃帝是從鮮卑利亞遷來：這種殉葬制度是鮮卑的古典制度。這一看匈奴傳「近幸臣妾從死者多至百數十人」及北魏和元初（特別是元太祖，殉葬者多至鉅萬人）的殉葬史料，便可得知它的遺風了。我相信將來總會有一天在鮮卑利亞掘出古墓，徵明我不是臆說。

更次，是殷墟出土的青銅刀。這種刀的柄端作獸頭形，和鮮卑利亞葉尼塞河流域出土的青銅刀柄，作風相同。在年代上，大墓銅刀也比葉尼塞銅刀為晚。這是「鮮卑卽夏說」不可動搖的證據。假定我們將來再發現「夏墟」青銅刀而且比葉尼塞青銅刀為更早，更可證明「鮮卑卽夏伯」，因為鮮卑拓跋氏原本就說他們是黃帝（夏）的後裔。

西洋學者研究葉尼塞銅刀比殷墟銅刀年代較早，斷定殷墟文化是葉尼塞文化的晚輩，而引以自豪；我們面對着這個史實，也不免自卑，似乎堂堂古國在銅器方面還遲不上鮮卑利亞。其實兩方都未免多此一舉。葉尼塞銅刀和殷墟銅刀統通是黃種的「夏種」的文化成果。而且正因為殷墟銅刀和葉尼塞銅刀屬於一型，證明葉尼塞以及整個鮮卑利亞在銅器時代便是「夏種」的領土，俄國人賴不成，西洋學者也不必賴。鮮卑利亞是在四百多年以前才被俄國佔去的。

第五證——黃帝為夏祖亦為鮮卑祖

五、黃帝史迹——黃帝為鮮卑（夏伯）的祖先，說見魏收的魏書和李延壽的北史。他們必是根據鮮卑拓跋的譜牒，而為是說。收、延壽此說，初見於晉光熙元年卽西四一九年的大邦碑，距今已一千五百餘年。我講「鮮卑問題」時，曾作說明；後來發表講稿，並在說明之下加「註九」。說明的原文是：

「這『祖族』的鮮卑人卽夏人，大約從四千七百年前，從今鮮卑利亞，經中亞遊牧到今天的甘肅、陝西和山西一帶，這便是中華民族的始祖——軒轅黃帝的一支（註九）。史記載：黃帝姓公孫，名軒轅……」

原「註九」的原文是：

「黃帝姓公孫，名軒轅，見史記五帝本紀。軒轅即獫狁的另一錄音。軒，音 Shiuan，希掩切；獫，音 Shian，喜掩切：二字双聲疊韻。轅，音 Yuan，于元切；狁，音 Yeun，于窘切：二字双聲疊韻。據蕭一山氏稱：故胡石青教授已有見於此云云。公孫係鮮卑之一姓，漢時義渠戎（鮮卑）有公孫敖，爲漢將。關於黃帝係鮮卑（夏伯）人一點，余有十三證。」

我們知道：黃帝在古代絕無陰陽怪氣的意味，只是源出羌人的齊國貴族的祖先。如呂氏春秋貴公篇載：「管仲有病，桓公往問之。管仲曰『隰朋之爲人也，上志而下求，醜（恥）不若黃帝，而哀不已若也。』……」可知在齊桓公時（公前六八五——六四二），黃帝雖被方士們化裝成爲神仙；但齊國宮廷並沒有把他神化。黃帝姓公孫，隰朋正是姓公孫（公孫是鮮卑姓）。到春秋末年，戰國初年，黃帝還是被當作祖先而受羌人崇敬，如史記載：秦靈三年作上畤，祭黃帝，這是黃帝始見祀典的可徵年代，時爲公前四二二年。秦人正是羌人（羌、秦一音之轉）。到戰國盛時，齊侯因資鑄器，銘文有「紹統高祖黃帝」語句，證明公前三七八年到三四三年，黃帝還止爲齊人的「高祖」。漢代司馬遷參證「世本」、「五帝德」、「帝繫姓」作成五帝本紀及夏、商、周、秦各本紀，才知道黃帝原來是和秦漢鬧得很利害的匈奴（前身爲鮮卑即獫狁）的祖先，也是夏人即堯、舜、禹、湯以及齊、秦、楚的祖先。當年鮮卑已寫成夏，而獫狁給人的印象不佳，他只好另用軒轅一詞，存此信史，並在匈奴傳裡留下一句「匈奴者，夏后氏之苗裔」，另紀錄下「禹爲黃帝玄孫」，書中暗表黃帝爲匈奴祖先即鮮卑祖先亦即獫狁祖先；今爲夏人祖先。他所說「百家言黃帝，其言不雅馴」，正是指黃帝乃匈奴、獫狁即鮮卑人而言。但這是一個史實，他不能不寫，所以依一般史法，好事寫入本傳，醜事另入他傳。其實，這還是司馬遷的史觀；若在今天，我們正遺憾這「醜事」沒有留下充分的史料，以確實昭示中華民族——漢、滿、蒙、回、藏大家原是同祖——黃帝爲高祖；大家原是同族，同是夏族即鮮卑。

我們知道，直到今天，鮮卑人（錫伯）始終保存着古代結繩的舊俗，而結繩所記第一大事爲祖先行輩及屬肖。鮮卑祖先堂內供奉紅繩一根，每生一子，便在繩上結一屬肖，名此事爲「繩其祖武」。這是一種「世本」，絕對無諛。又，今天東北的鮮卑人及內蒙的老蒙古人，對於祖先口傳的歷史，特別富有記憶的天才，越是文盲，記憶越遠。據此可知，在夏族沒有造字之先，我們遠祖的行輩必是結在繩上，而遠祖的歷史必是以口相傳。我說到晉代鮮卑拓跋自稱是黃帝後裔，必係根据譜牒，他們的譜牒也必是結繩的。

在一千五百年前，鮮卑拓跋既根据口傳歷史及結繩譜牒自稱係黃帝的子孫，在一千五百年後，也可用許多證據，證明鮮卑是黃帝的子孫。在正史上，黃帝既是夏人的始祖，已不成問題（除了「疑古降毛」的一派）；現又證實了魏書北史鮮卑出於黃帝之說，則「鮮卑卽夏說」當然可以成立。

第六證——鮮卑建國多名為夏

六、名國爲夏——鮮卑建國，除禹的夏代以外，至少還有四次是以夏爲名。（山海經大荒東經已見「夏州之國」，方位不明，材料不足，未列在內。管子「桓公西伐大夏」，必卽山戎，在今遼西，可見山戎國名「大夏」，亦以材料不足，未列。）一千五百年前卽北魏時代，鮮卑人稱秦、漢、晉、宋人爲「南夏」，上引北史就有「不交南夏」的話。「南夏」與「北夏」爲對文，可見鮮卑自居爲「北夏」了。我查了幾部古書，雖然沒有「北夏」的實證；但查出秦代以前「南夏」人確把鮮卑人稱爲「正北」的「大夏」（有時也稱爲庳、貉、貊、北、鄚）：如周書王會篇所記的伊尹替湯王規定的四方貢品，在「正北」方面，列舉空同、「大夏」、莎車、姑他、且略、貌胡（按：當卽蒙古）、戎翟、匈奴、樓煩、月氏、孅犁、其龍和東胡，規定他們貢獻橐駝、白玉、野馬、騊駼、駃騠和良弓。這裡的「大夏」就是列入「正北」的。這當是古史上最早喊鮮卑爲「大夏」的史料，說明至少在戰國時代（周書出於魏塚）鮮卑建國名爲「大夏」。那時還沒有史記匈奴爲禹裔之說，不可能是他們假借名義。此其一。

呂氏春秋求人篇載：「禹，東至榑木之地，南至交阯，西至三危，北至令正之所、夏海之窮」。高誘注：「令正、丁令，北海胡地」；「夏海之窮」當卽山海經「有窮鬼（國）」的「窮」，列入西次三經，可見「窮」也在西北方，則和「窮」地域相連的「夏海」當然也在北方。又，「窮山」離崑崙不遠，古樂篇說：「黃帝令伶倫作爲律。伶倫自大夏之西，乃之崑崙之陰，取竹之嶰谷」，可知「大夏」在崑崙左近，依當時地望，「大夏」和「夏海」都在北方，相當於今北海（貝加爾湖）一帶。（近人考證則謂這「大夏」在今綏遠或山西北部，所据當為周書「大夏產鹽」之說；但鮮卑利亞又曷嘗不產鹽？）這說明當呂不韋寫書的秦始皇八年（公前二三九）時代，鮮卑人的國還是名為「大夏」的。此其二。

漢代張騫出使西域，於武帝元光二年（公前一二九）行抵大月氏，曾親自並派副使到達「大夏」。史記大宛傳張騫報告原文說：「大夏」距長安一萬二千餘（漢）里，在印度西北數千里，北有嬀水（今名阿姆河，恐即山海經的渭水），有城，有屋，無大王長，人口百餘萬，善賈市，都城名「藍氏城」云云。細讀全文，並無「非中國人」的記載如「深目高鼻」之類，也沒有說到另有文字（語言當用「胡語」），可見這「大夏」在張騫眼中不是當時和漢人絕對不同的外國人。這支「大夏」可能就是上節的「正北」「大夏」，不知何時遊牧到興都（身毒）庫斯山以北、阿姆河以南，建立「居國」。據西洋史載，公前二五〇年（周惠公六年）「大夏」王第奧道脫一世，脫離亞歷山大在中亞的繼承人塞硫古斯一世，宣布獨立。一百二十年後張騫到達時，又被大月氏列為附庸，仍名「大夏」。此其三。

北宋時代，鮮卑後裔拓跋氏——唐賜姓李，宋賜姓趙——李繼遷即趙保吉在今陝北、綏南（伊克昭盟）、寧夏北到烏梁海一帶，建立「西夏」國（西九九〇起），仍然以夏為名。此其四。

從上列四點史實，可以說從商（公前一七八三）到北宋（西九九〇），二千七百餘年，凡鮮卑人在今漢北、漢南遠到中亞所建之國，除北魏、北齊之外，始終以夏為名。他們何以特別喜歡這一夏字？（或者是我們故意將鮮字寫為夏？）我們除了用「鮮卑即夏說」來作說明，還有何新解？

第七證——世界最古地理書山海經

七、山海圖經——上文引用山海經，必被「疑古降毛派」所笑。據我看這書前五卷所釋的「圖」原係純粹地理圖；只不幸被先秦珊蠻巫（方士、道士）所亂——於作說明（經）時塞進去許多珊蠻巫的神話，致被後人認為荒誕不經；又經劉秀（歆）「省」（譯）爲漢代通行文體，不復詰屈聱牙，越發不像古書。其實它的前五卷共二十六篇，記山記水記銅記鐵記金記玉記草記木記禽記獸，頗具科學地理學態度。由它特別詳記天下產銅之山四七六座，產鐵之山三九六〇座，反映當初作圖者（史皇？）對銅鐵富有旺盛的企圖心，看出原圖必爲於銅器時代之末鐵器時代之初，當夏商周時代（公前二二〇五——二四七）。圖，無疑地係一套古圖；經，無疑地係一部古書。古書是不撒謊的——剔除古書裡被羼入的神話，所餘的話，都是眞實的。

在西次三經篇內，我們看出成書當時關於黃帝——夏族——來處的透露；倘配合後來羼入的神話來看，也可看出夏族和鮮卑的關係。現錄西次三經半篇，凡屬可能係羼入的神話皆加括弧，凡屬史料皆加黑點，然後略作說明：

「西次三經之首曰崇吾之山，在河之南。北望冢遂；南望䍃之澤；西望帝之搏獸之山；東望嫣淵。有木焉，員葉而白柎，赤華而黑理，其實如枳，（食之宜子孫。）有獸焉，其狀如禺而文臂，豹虎而善投，名曰舉父。有鳥焉，其狀如鳧，而一翼一目，相得乃飛，名曰蠻蠻，（見則天下大水。）

「又西北三百里曰長沙之山，泚水出焉，北流注於泑水。無草木，多青雄黃。

「又西北三百七十里曰不周之山。北望諸毘之山；臨彼嶽崇之山；東望泑澤，河水所潛也，其原渾渾泡泡。爰有嘉果，其實如桃，其葉如棗，黃華而赤柎，（食之不勞。）

「又西北四百二十里曰密山。其上多丹木，員葉而赤莖，黃華而赤實，其味如飴，（飲之不飢。）丹水出焉，西流注於稷澤，其中多白玉，（是有玉膏；）其原沸沸湯湯；黃帝是食是饗。（是生元玉，玉膏所出，以灌丹木。丹木五歲，五色乃清，五味乃馨。黃帝乃取密山之玉榮而投之鍾山之陽。瑾瑜之玉爲良，堅粟精密，濁澤而有光。五色發作，以和柔剛。天地鬼神，是食是饗。君子服之，以禦不祥。）——自密山至於鍾山，四百六十里，其間盡澤也。是多奇鳥怪獸奇魚，皆異物焉。

「又西北四百二十里曰鍾山。（其子曰鼓，其狀如人面而龍身。是與欽䲹殺葆江於昆侖之陽。帝乃戮之鍾山之東曰瑤崖。欽䲹化爲大鶚，其狀如鵰，黑文而白首，赤喙而虎爪，其音如晨鵠。見則有大兵。鼓亦化爲鵕鳥，其狀如鶡，赤足而直喙，黃文而白首，其音如鵲。見則其邑大旱。）

「又西百八十里曰泰器之山，觀水出焉，西流注於流沙。是多文鰩魚，狀如鯉魚，魚身而鳥翼，蒼文而白首，赤喙。（常行西海，遊於東海，以夜飛，其音如鸞雞，其味酸甘，食之已狂。見則天下大穰。）

「又西三百二十里曰槐江之山，邱時之水出焉，而北流注於泑水，其中多蠃母。其上多青雄黃，多藏琅玕、黃金、玉。其陽多丹粟，其陰多采、黃金、銀。實爲帝之平圃，（神英招司之，其狀馬身而人面，虎文而鳥翼，徇於四海，其音如榴。）南望昆侖，其光熊熊，其氣魂魂；西望大澤，后稷所潛也。其中多玉，其陰多榣，木之有若；北望諸毗，槐鬼離倫居之，鷹鸇之所宅也；東望恒山四成，有窮鬼居之，各在一搏。爰有淫水，其清洛洛。（有天神焉，其狀如牛而八足二首，馬尾，其音如勃皇。見則其邑有兵。）

「又西南四百里曰昆侖之邱。是實惟帝之萬都。（神陸吾司之，其神狀虎身而九尾，人面而虎爪。是神也司天之九部及帝之囿時。）有獸焉，其狀如羊而四角，名曰土螻，（是食人。）有鳥焉，其狀如蠭，大如鴛鴦，名曰欽原，蠚鳥獸則死，蠚木則枯。有鳥焉，其名曰鶉鳥，（是司帝之百服。）有木焉，其狀如棠，黃華赤實，其味如李而無核，名曰沙棠，（可以禦水，食之使人不溺。）有草焉，名曰蘋草，其狀如葵，其味如葱，（食之已勞。）河水出焉，而南流注於無達；赤水出焉，而東南流注於氾天之水；洋水出焉，而西南流注於醜塗之水；黑水出焉，而西流注於大杅。是多怪鳥獸。

以上所錄是上半篇的全文。下邊擇錄下半篇的山名、道里及史料：

「又西三百七十里曰樂游之山……

「西水行四百里曰流沙……

「二百里至於蠃母之山……

「又西三百五十里曰玉山，是西王毋（按：原文作母；非）所居也……

「又西四百八十里曰軒轅之邱……

「又西三百里曰積石之山……

「又西二百里曰長留之山……

「又西二百八十里曰章莪之山……

「又西三百里曰陰山……

「又西二百里曰符惕之山……

「又西二百二十里曰三危之山……

「又西一百九十里曰騩山……

「又西三百五十里曰天山……

「又西二百九十里曰泑山……

「西水行百里至於翼望之山……

「凡西次三經之首——崇吾之山至於翼望之山，凡二十三山六千七百四十四里……」

全篇所記是「崇吾」以西諸山。「崇吾」何在？已不可考；但在它西北三百里加三百七十里的「泑澤」却有古注可查。晋郭璞注說：

「泑澤卽蒲澤，一名蒲昌海，廣三四百里，其水停：冬夏不增減。去玉門關三百餘里。（戴震云：關下奪千字）」

這是說「泑澤」在今新疆。又清阮沅注引古籍云

「說文云：『泑澤在昆侖下，讀與妳同。』史記謂之鹽澤。地理志謂之蒲昌海，在敦煌郡。括地志云：『蒲昌海一名泑澤，一名鹽澤，一名輔日海，亦名牢蘭，亦名臨海，在沙州西南。』見史記正義。」

也是說在今天的新疆。「泑澤」卽羅布淖爾，「牢蘭」卽漢之樓蘭。足徵「崇吾」、「長沙」兩山在今甘肅，「不周」以下諸山都在今新疆。試按原書道里計算，「黃帝」「禹都」的「昆侖之邱」在「泑澤」西二千一百里；「軒轅之

邱」復在「昆侖之邱」以西一千八百里，兩數相加共爲三千九百里，看出黃帝來處必在今新疆西境外很遠的地方。

山海經海外東經載稱：

「奢比（按：鮮卑））之尸在其（按：大人國）北，獸身，人面，大耳，珥兩青蛇。」

大荒東經也有一段說：

「有神：人面，犬耳，獸身，珥兩青蛇，名曰：奢比。」

這便是我所謂篡入的神話。「奢比之尸」（神）被神話化後的樣子是「人面」、「獸身」、「大耳」、「珥兩青蛇」；但追溯原形，已是古鮮卑的衣飾：翻穿皮襖（「獸身」），編髮垂肩（「珥兩青蛇」），見世界文化史引古鮮卑地即今南俄出土青銅人象。這當是古珊蠻巫所作的圖。

總之，由山海經這部古圖書上，看出至少兩點是可信賴的：甲、黃帝的「軒轅之邱」必在新疆今境以西的遠方；乙、在山海經成書以前，「奢比」即鮮卑已被夏人供奉爲祖（「尸」）了。而這兩點是先秦古籍一致引用的。

上文提到山海經前五卷（除篡入的神話）是科學的地理書。在當年「科學」的紀錄上，從「崇吾」到「翼望」既被列入「天下」而不列入「海外」和「大荒」之內，這說明黃帝——夏族——的「天下」的西境是從「翼望」算起。「軒轅之邱」、黃帝「萬都」的「昆侖之邱」、黃帝「平圃」的「槐江之山」當都在今天南俄、中亞即克里米亞、韃靼尼爾海峽、黑海、裏海一帶。而這一帶地方，正是古鮮卑人生存活動的地區。可惜古今注者不通游牧時代「山水隨族轉徙」的道理，誤用注者當時山水，注釋古代山水，這樣不單把夏族的「天下」縮小到甘肅以東，而且也把古史地弄得混亂不堪。

第八證——鮮、夏都在屋內養豬

八、「夏屋」和豬——詩經小雅裡早出現「夏屋渠渠」一句，禮記檀弓篇也有「見若覆夏屋者矣」。何謂「夏屋」？據檀弓疏云：「殷人以來，始屋四柯；夏家之屋，唯兩下而已，無四柯。」四柯的殷屋，我們已可從侯家莊大墓出土明器的陶屋看到摸型，是具有四壁的，長方四角。那麼「兩下」是什麼樣子？我可以堅決地說：就是天幕型，正是從鮮卑直到今天蒙古所住的「蒙古包」，自古迄今，型式仍舊。也就是家字上方的宀，篆文作∩，正是「兩下」的古義。「蒙古包」從任何一面看，無不和∩相同。「渠渠」，荀子注：「不寬泰貌」。我住過「蒙古包」，確是「不寬泰」的。

家字從宀，從豕，宀係象形，豕亦象形，整個家字則係指事：屋內養豬。這正是鮮卑的古俗（所謂「通古斯文化」），從有史爲證的北魏時代直到今天東北，在空間是整個鮮卑利亞，還是把豬養在屋中。朝鮮是鮮卑的一支，也是在屋裡養豬的。

「夏屋」既是「蒙古包」，屋內養豬又是鮮卑的習俗（卽生活），全由一個家字表現出來。而這一家字當然是由黃帝、禹這一代的夏人的字演進而來：所以我們也可以由這「家的文化」上看出「鮮卑卽夏伯」。

第九證──鮮、夏同信珊蠻教

九、珊蠻「卜骨」──珊蠻教係元史譯名，清代譯爲薩滿教，梁啓超先生譯爲沙瑪尼教；或卽秦始皇時代的羨門。這是比佛教還古而從我國夏、殷時代便流行在鮮卑利亞的古宗教，可能是蘇末教的餘音。到今天還在東北鮮卑（錫伯、索倫、赫哲、魚皮）、鮮卑利亞和中亞（回教徒中）盛行着，在東北漢人社會裡也有一部分勢力。俗名「跳大神」。據我親見，「跳大神」的男子稱爲杈姆子（卽珊蠻氏的音轉），女子稱爲當姑子（當卽「東胡氏」的音轉）。作起法來，比古印度教的呑刀吐火還值得驚駭。所供神仙爲狐狸、黃鼠（鼬）、豆鼠、艾鼠，名爲「胡、黃、竇、艾四大家」。替人「看星」（訛爲「看香」）、「過陰」、「鎭壓」（卽壓勝）、「占卜」，和舊約上反對的外道全同。所謂「看星」，由進入瘋魔狀態的珊蠻，手擊「抓鼓」，亂舞亂跳，念念有詞，觀「看」神仙案上燃燒着的線「香」，或聚或散，或明或暗，便決定病人的生死和休咎。所謂「過陰」，當珊蠻進入催眠狀態時，由助手（俗稱「答應神的」）在他身上壓以巨石，大抵爲磨盤之類，重數百斤（普通人必被壓死）。珊蠻睡去數十小時，忽然醒來。便說自己已到過「陰曹地府」，看到「生死簿」，因而指示病人的生死。所謂「鎮壓」，由珊蠻雕刻桃木，粗象人形，在前心寫上生辰八字，揷上衣針，暗地埋在仇家的門外（生辰八字乃仇人的），說是可以咒死仇人。所謂「占卜」，由珊蠻燒羊胛骨，看其兆紋，決定吉凶。民國初年，內政部曾派員住在索倫人內，研究半年，刊有珊蠻教報告書，和我所見，記得是大致相同。

這種宗教，流行到中原來，已經很古了。我們先看文字的紀錄：在書經伊訓篇內有「恒舞于宮，酣歌于室，時謂巫風」，和杈姆子、當姑子作法時的情景全同。孔子說過：「人而無恒，不可以作巫醫」。先秦古書山海經一片「巫醫」氣息。漢書所記戾太子巫蠱事件，和珊蠻的「鎮壓」，完全相同。王充論衡公開痛斥巫術。到許愼作說文，已有「狐，妖獸也」的解字，珊蠻的神話都被載在皇皇的大著上了。有人說：秦始皇派人去求羨門高誓，得到「亡秦者胡」的讖語，就是珊蠻教的神話。

其次，再看地下的史料：民國十九年，山東城子崖發現黑陶，在同一文化層出土「卜骨」六件，全有燒斷的兆。其後安陽小屯也發現黑陶文化層，仍有「卜骨」，兆蹟顯明，所用正是我所目覩的羊胛骨。遼寧羊頭窪黑陶文化層也出現「卜骨」，係鹿胛骨，背有漏斗形的鑽痕和圓點式的燒痕，正面也有兆蹟，在背面燒痕和兆蹟方位恰相對稱。這種黑陶，據專家考定，使用年代在公前二千年至一千二百年之間，貫通夏、商兩代。至於甲骨文十萬片，全係「卜骨」，大部刻有「卜辭」（黑陶層「卜骨」則全無「卜辭」），是人人所熟知的。

夏、商兩代的「卜骨」和鮮卑珊蠻的「卜骨」有什麼關涉？正當的解釋是夏、商和鮮卑爲同族，至少爲同教。在後世，同教未必就是同族；但在四千年前，夏、商和鮮卑既然根本是同血（黃種），而宗教又復相同：我們可以說「鮮卑即夏伯」了。

第十證——絲與織女

十　織女神話——夏禹時代漸到中原的鮮卑人被春秋以前的作家寫爲織皮。織，古音與鮮同；皮，古音與卑同。織皮兩字，固然忠實地錄出鮮卑的音；而當時錄音者卽譯者所以用這織字，大約因爲鮮卑和絲有關，用這皮字，大約因爲鮮卑和衣有關，由此可看出四千年前鮮卑文化已相當高級了。又，北史稱：鮮卑在黃帝以後，「統幽州以北」，幽字象山中多絲之形，卽「多絲的山」。我們綜看織字和幽字，覺得鮮卑人和絲——中華民族獨特的文化，頗有微妙的關係。

現在我們要談到織女的神話了。織女見於詩經，「終日七襄」，善於織絲。其後出現了織女牛郞天人相交，一年一會（七夕），和禹治水帶來織女支機石等神話。牛郞象徵遊牧人，織女代表織絲人，禹則是織女的客人。這位織女是否「織皮女郞」卽「鮮卑女郞」（鮮卑原是「美麗的姑娘」之意）？這個神話是否織皮——鮮卑——的老故事？當然已無可考源；但三千餘年以來，鮮卑人和夏人（漢人）一樣，都十分重視這一神話。

首先看鮮卑拓跋氏一支。當他們從今天鮮卑利亞南遷到今天內外蒙古（所謂「匈奴故地」）的時候（約當東漢），出現了上述的神話，北史帝紀云：

「聖武皇帝諱詰汾，嘗田於山澤，欻見輜軿自天而下。既至，見美婦人，自稱天女，受命相偶。旦日請還，期年周時復會於此。言終而別。及期，帝至先田處，果見天女以所生男授帝曰：『此君之子也，當世爲帝王。』語訖而去，卽始祖神元皇帝也。」

詰汾是牛郞，天女是織女，太顯然了。由於這神話的晚出，固然可以說鮮卑仿照西周以後織女神話而影印的；但我們應該注意所有鮮卑人建立之國，都有這一神話。最古的是邶國，有「燕燕于飛」的神話，見呂氏春秋。東漢時的高離卽今朝鮮有「東明天降」的神話，見王充論衡及魏書。蒙古（鮮卑一氏）有「感光生子」的神話。鮮卑一氏的愛親覺羅氏也有「天女吞朱果生男」的神話。以至於我認爲是鮮卑的商代人也有「天命玄鳥，降而生商」的神話。時空如此之長且廣，令人不免推想織女眞是「織皮女郞」的簡稱了。是否這一神話早在四千年前便流行在鮮卑利亞或中央亞細亞？後以南遷帶到中原，演化成爲詩經的織女？——我們知道：神話的比較硏究，是探討古代民族分合的重要方法，例如希伯來人方言雖然不同，但耶和華神話相同，便可證明各族都出自希伯來；印歐族的全神系統，也可以證明古希臘和羅馬同屬一族。我們從上述的神話裡，至少也可以看出鮮卑和夏、商、朝鮮、滿、蒙宗族中間有一位織女作紐帶。

夏人亡國重返鮮卑利亞

上面從對音、地望、田野古蹟、殷墟文物、黃帝史迹、名國爲夏、山海圖經、「夏屋」和猪、珊蠻「卜骨」和織女神話等十點，證明「鮮卑卽夏伯」。此外，呂氏春秋稱桀走大沙；史記集解引唐人所作括地志，稱夏桀亡國，桀子妻其衆妾，逃往鮮卑云云，也正和殷紂亡國後，箕子遯地朝鮮（古音招西）相同。傅孟眞先生根據後一史實，推斷殷族和朝鮮必有血統的淵源，他是對的，殷和朝鮮都是鮮卑人。我們由箕子東遊一事推論下來，桀子逃往鮮卑，正也說明「鮮卑卽夏伯」。又，史記註提到秦修長城，奴工譁變，逃往鮮卑云云，至少說明當年長城以南的秦人及前六國人和鮮卑總有關係。

總之，從許多史實上都可以看出「鮮卑卽夏伯」。——在學者專家看來，我這全部是臆說；在我卻自信這全部是秘史。請求朋友們不吝指正，尤其希望我的錫伯（鮮卑）朋友們指正。寫到這裡，想起一位朋友。大家總還記得：九一八以前，爲了所謂「中村事件」，有一位博得國際知名的關團長瑞璣字玉衡。我們知道他是夏（漢）人還是鮮卑人？在骨型上，在體格上，在膚色上，他和我們完全相同；但他確是鮮卑瓜爾佳氏。民國二十八年，他任陝西省橫山縣長，我們定交。他告訴我：東北的鮮卑人約有二十餘萬；「老媽媽」（殆織女乎？）卽祖先供在正堂的西北面，紀念自己祖塋是在西北方；生男懸弧；正堂外面供「奧」（論語「與其媚于奧」），都是幾千年不變的古俗，和五經上的古禮諸多相似云云。當年我們談到鮮卑人就是沙賓人，乃是從鮮卑利亞遷來的，我並檢出飲冰室文集梁先生說明「西伯利亞」卽鮮卑一文，和他同讀。玉衡先生不幸淪入鐵幕，已不能風雨論文，讀我這本小書了，令人不勝懸念之至！

在第一證的後面我加的按語，說明鮮字古音和徐字胥字相通，夏字古音也和徐字相通，證明鮮卑卽夏伯

——鮮卑卽夏族。在第十證的後面，我們又看到夏人亡國之後重返鮮卑利亞的史料。這些證明都是三十八年五月到四十二年八月之間找到的。現在我似乎又找到夏人重返鮮卑利亞後的踪迹了。

據西洋史載：公元前六、七世紀，有一種人名爲西徐亞（Saythia），住在今天南俄裏海一帶；到公元後三世紀（二四一年），又進入中央亞細亞，滅大夏。我國的漢書，稱此人爲塞種。這種西徐亞人的文化和鮮卑（東胡）文化，成爲不可分（參看方豪：中西交通史六〇——六二頁）；和匈奴文化更似二實一（方書九四頁）。可以說，西徐亞文化，卽鮮卑文化，也卽匈奴文化。

我認爲西徐亞似乎卽是我國古史周書裡所稱「正北」方的「大夏」（殷代），也就是穆天子傳的「西夏」。因爲：一、「西夏」恰是「西徐亞」的餘音，「西」卽「西」，「徐亞」卽「夏」（上文提到夏字與徐字同音）。二、夏人在公元前十八世紀亡朝，西徐亞則於公元前六、七世紀見於西史。

由此推論：今天的南俄，在夏人亡國之後，到欽察汗國立國之前，始終是「正北」的「大夏」卽「西夏」的領土。——四十四年付印時註。

「鮮卑卽夏說」的結論

這一拙說如果成立，便可得到五點重要的結論：一、漢（夏伯）滿（鮮卑）、蒙（鮮卑）、回（鮮卑信天方教者）、藏（羌卽夏）、苗（黃帝後裔）、獩（鮮卑）……等宗族有了「祖族」——夏伯，亦卽鮮卑。我們都是黃帝、堯、舜、禹、湯、文、武的子孫。二、中華民族的故鄉便是今天的鮮卑利亞（包括中亞到南俄），那裡是我們的「郇山」。三、一切「西來說」全不成立，連巴比侖、埃及所見有似古中國的文化都是從鮮卑利亞去的，卽中華民族遠祖傳過去的。四、亞細亞的史地得要從新寫過，亞細亞的西界也絕不是烏拉山了。五、西洋人所稱「蒙古利亞種」必須修正爲「鮮卑利亞種」卽「夏種」。

李濟先生「記小屯出土之青銅器——鋒刃器」的「後記」云：「我們更老的老家在西伯利亞（按：鮮卑利

亞），這是中華民族列祖列宗棲息坐臥的地方」，他鼓勵我們「到長城以北去找我們更老的老家」。李博士此文寫於四十二年二月二十八日，早於作者發表「鮮卑卽夏說」講演者三個月。近始拜讀，至表欽佩。李先生爲中國遠古史權威，所得結論乃與淺學如余者相同。——四十三年五月四日附註。

有些朋友向我提示：一、鮮卑語和漢語絕對不同，所以鮮卑人未必卽是夏伯人；二、「五胡亂華」和宋明亡國的歷史不可推翻，否則將置當年的仁人志士於何地？關於第二點提示，我已專函奉覆，不多贅述；關於第一點，請看臺胞於淪亡不到五十年之間，已全懂日語，不懂國語了，我們來臺四年，孩子們也會說閩南語了；何況夏人自公元前十八世紀流浪西北方，怎能不接受古敘利亞語（所謂阿爾泰語）和其他民族語？

鮮卑利亞經黃帝所領有

如果朋友們對「鮮卑卽夏說」還持保留態度，那麼我再來談一談「鮮卑利亞是中國領土」。前一說姑列入「事出有因」；後一說則是「經查屬實」的。現分爲八點來說。

一、鮮卑利亞卽黃帝領土的「絕轡之野」——周書嘗麥云：

「王若曰：『宗掩大正：昔天之初×作二后，乃設建典，命赤帝分正二卿：命蚩尤于宇；少昊以臨四方，司××上天末成之慶。

「『蚩尤乃逐帝，爭于涿鹿之河，九隅無遺。赤帝大懾，乃說于黃帝，執蚩尤殺之于中冀。以甲兵釋怒，用大正順天思。——序紀于大帝，用名之曰絕轡之野。』」

這是周成王口述的一段古史。周書是汲冢出土的戰國時代的古書。我們應相信周書不僞，如相信甲骨文。

這裡說得明白，「絕轡之野」就是「中冀」：卽「中冀」被黃帝命名爲「絕轡之野」。命名的時間在殺蚩尤而領有之以後。

按：「絕轡」就是鮮卑。玆分審音、考地、證史三方面予以說明：

甲、審音——鮮卑，史記匈奴傳作胥紕，用今蒙古語讀之卽說白，見那琦先生「錫伯之分布」，引自那瑛先生從蒙古文獻查出者。

絕，唐、陸德明莊子釋文云：「徐音」，卽絕音徐。徐、胥，双聲。絕入屑韻，和說同韻：絕、說疊韻。絕，又叶吉，見說文解字詁林引大戴記武王踐祚；而吉通西。——絕字在六朝以前，音徐；通說，通西。

轡，「彼肆」切，音秘，又叶「補密切」，音必。轡音必，無問題。

我們從「絕轡」和鮮卑的對音方面研究，兩音完全相同。

另據說文解字云：「絕從系，從刀，從卩」，這是說絕字由「糸」、「刀」、「卩」三形構成。我的看法，絕字似應從系，由色得聲，卽古音爲色。色，「殺測」切，音嗇；而嗇通奢，奢比卽鮮卑。若然，「絕轡」更無疑地是鮮卑了。

乙、考地——「絕轡之野」的「野」字卽古「地」字。此「地」何在？

回看上引周書，「絕轡之野」卽「中冀」。冀字由「北」、「人」二形構成；北人卽貊人（劉節說）。貊人上古居於今長城以北，其地名冀。：「中冀」當在更北：故「中冀」地望應直今內外蒙古、鮮卑利亞一帶。

丁、證史——「絕轡之野」原名「中冀」，係黃帝殺蚩尤處。

司馬遷以來一般史說，黃帝殺蚩尤處，均謂在涿鹿。涿鹿舊說卽今察哈爾省涿鹿縣。但我根據山海經，看出涿鹿當在鮮卑利亞西部靠近中央亞細亞之處。——察哈爾的涿鹿係後起地名。說甚長，玆略言之。

黃帝戰蚩尤必係眞史，戰場應在中亞與鮮卑利亞接近之處，解見山海經。山海經大荒北經云：

「蚩尤作兵伐黃帝。黃帝乃令應龍攻之冀州之野。應龍畜水。蚩尤請風伯雨師，從大風雨。

「黃帝乃下天女曰妭。雨止，遂殺蚩尤。

「妭不得復上，所居不雨。叔均言之；帝後置之赤水之北。」

又云：

「夸父不量力，欲追日景，逮之于禺谷。夸父將飲河而不足也；將走大澤，未至，死于此。（海外北經亦載此事，不錄。）

「應龍已殺蚩尤，又殺夸父，乃去南方處之，故南方多雨。」

「大荒」經我考定，就是今天的鮮卑利亞；「赤水」源出「昆侖之丘」（見山海經西次三經），「昆侖之丘」在今新疆省羅布泊西一七四〇古里，必在中亞；「大澤」即今貝加爾湖；「飲河」之「河」，即今塔里木河；「禺谷」，當係「禺疆」的一個山「谷」，「禺疆」也在鮮卑利亞。

山海經把黃帝蚩尤之戰神話化，和荷馬把希臘特類之戰神話化，原是一樣的手法。希臘特類之戰既被證明是史實，自然黃帝蚩尤之戰也是史實。——在上引神話化的黃帝蚩尤戰史中出現的地名，都在中央亞細亞（包括新疆省）和鮮卑利亞：則「冀州之野」即「中冀」必在鮮卑利亞，應是沒有問題的。所以我認為黃帝蚩尤之戰的戰場在中亞和鮮卑利亞接近之處。（司馬遷雖認黃帝蚩尤之戰是眞史；但他不敢信山海經，乃把黃帝在鮮卑利亞西部的戰場移到長城左近來。）

上面我從音、地、史三方面證明了「絕轡」就是鮮卑，「絕轡之野」就是鮮卑利亞（所謂「西伯利亞」）：從黃帝打敗蚩尤時起，中華民族便領有了這個地方。

夏禹將鮮卑「敘」入宗譜

二、四千年前鮮卑內屬——讓一步講，縱使鮮卑不必即是黃帝的領土，但鮮卑確也是夏的屬國。這一發見，在四十二年二月間。一月，方杰人（豪）教授的中西交通史出版，他有一極正確的綜合研究說（第一冊九十四頁）：「自匈奴活躍之時代及遷徙之路線觀之，匈奴最初之文化，應為西伯利亞式。」我寫信給他，備致欽服，並告以「西伯利亞」就是鮮卑利亞；依他的研究，匈奴最初之文化即為鮮卑文化；鮮卑古譯「織皮」，為西戎之一氏族等事。他覆函對於「西伯利亞」就是鮮卑利亞，表示「豪亦同意」；對於鮮卑古譯「織皮」，未表反對意見，但說：「織皮既爲西戎之一，似不在北方。鮮卑則源於東北。」我爲證明鮮卑卽「織皮」，並曾於四千年前便出現在新疆甘肅陝西（同時也出現於東北），於五月間試作「織皮解」一篇小文。

我們知道，尙書的禹貢篇，成書至少在春秋以前，不會在戰國時代，因爲戰國時代已確立了鮮卑一詞，而在禹貢篇上，鮮卑還被錄音爲「織皮」。——「織皮」一詞，兩次見於禹貢，一稱：

「熊羆、狐狸、織皮、西傾，因桓是來。」

一稱：

「織皮、崐崘、析支、渠搜，西戎卽叙。」

都列在梁州項內。前一句的「織皮」，漢儒句讀聯在「梁州貢璆鐵銀鏤砮磬熊羆狐狸」之下，註者釋「織皮」爲罽卽毛布，當作貢品；但同時鄭康成則釋「織皮，謂西戎之國也」（「尙書古今文注疏」引），淸儒孫星衍同意此說，並在熊羆上判讀。據我硏究，「織皮」確如鄭康成所說，是一氏族的名稱，而且就是鮮卑。我用的考證方法第一個是「求類」，第二個是「審音」，第三個是「考地」。關於「求類」，「織皮解」原文說：

「在說明『織皮』的意義之先，應該解釋熊羆、狐狸、西傾、崐崘、析支、渠搜、西戎等七個名詞的意義。這七個名詞如果得到正確的解答，則『織皮』的意義也就聯類地被說明一部份了。」

接着我考定熊羆是氏族的名，原文說：

『熊羆——熊，說文云：『獸，似豕，山居，多蟄。』羆，說文云：『如熊，黃白文。』這是中國古代字典分講熊與羆的，用來注釋禹貢上連用的熊羆處，不能說明它的眞正意義。這熊羆一詞，是古代氏族的譯名。古代中國人對於新遇到的氏族或民族，好用獸名或獸字旁（例如犬字旁）加以迻譯，如獫狁是加犬字旁的，貊、貉竟是野獸。這並非古人輕視新來的氏族，只是用某一氏族的圖騰翻譯某一氏族的名字而已。——熊羆這一氏族，就是用熊羆作圖騰的。這一氏族，可能就是黃帝的氏族。史記五帝本紀說：黃帝是有熊氏的後人。周禮司裘云：『王大射，共熊侯』，這位『熊侯』可能便是熊羆氏族的族長，或者就是有熊氏的嫡系子孫。史記匈奴傳：『三代有獯粥、獫狁』；秦漢音轉為匈奴。住在新疆的『西熊侯』，曾入朝漢皇帝，見史記『建元以來王子侯者年表』，可見直到漢代還有熊羆一族的。我認為熊羆就是住在新疆一帶的匈奴族。」

狐狸也是氏族的名，原文說：

「狐狸——說文云：『狐，妖獸也。』用在禹貢上，必是古代氏族的譯名，可能就是秦漢時代的胡及東胡。因為第一、狐，胡兩字同音；第二、史載二千年前，胡地便流行着一種薩滿教（史記譯羨門，元史譯珊蠻），到今天還有很不小的力量。薩滿教的神靈之首便是狐狸，現通稱『胡仙』，有『胡大海』『胡大川』等假人之名，說文所稱『妖獸』，正是這種薩滿文化的紀錄。根據這兩個證據，可以認定狐狸就是胡族的最早的譯名。直到漢朝尚有『狐胡』，為西域諸國之一，地望相當於新疆省鄯善和吐魯番之間。」

西傾也是氏族的名，原文說：

「西傾——鄭康成注：『雍州之山也。』古史上的某山某山就是某族某族，氏族遷到新地帶的某山，這一某山立即變為氏族的名。遠者如鮮卑在漢代由鮮卑利亞遷到今熱河，所以熱河便有鮮卑山；近者如臺灣便有高山族，都可說明。這裏的西傾，可能就是黃帝元妃嫘祖的氏族即西陵氏，漢代譯為先零，隋代稱為西頃，見北史裴矩傳及西域傳。他們古代住在伊犂河流域。河水西流，乃名西傾。」

崐崘也是氏族名，原文說：

「崐崘——一作昆侖。漢朝以後，解為山名；在古代也是氏族名，為『西王毋』（西膜之王名毋）一族所居，地產美玉。」

析支也是氏族名，原文說：

「析支——大戴記作鮮支，後漢書南西夷傳作賜支。史記五帝本記，析支列於西戎之下，文云：『西戎、析支、渠廋、氐、羌』，可見析支也是古代的氏族名。應劭注漢武本紀也說：『析支屬雍州，在金城河關之西，西戎也。』

渠搜也是氐族名，原文說：

「渠搜——史記時代，渠搜還是氐族名，卽渠廋；到說文時代才解爲山名。隋代，此族曾建立鏺汗國，見北史西域傳：『鏺汗國，都葱嶺之西五百餘里，古渠搜國也。』」

後然我作結論說：

「從上面粗略的考證，可知熊羆、狐狸、西傾、昆侖、析支、渠搜六詞都是古氐族名；西戎可能是某一氐族的專名，也可能是『織皮』等氐族的通名。

「現在可以談一談『織皮』了。『織皮』一詞，夾在上述七個氐族名之內；那七個既是氐族，則它之爲一氐族，可以說完全合於邏輯，毫無問題。漢朝人有的講禹貢『織皮』爲罽卽毛布，如果不是誤於上文『織文』『織貝』而望文生義，便是說『織皮』氐族的文化以毛布爲代表，因爲鄭康成明白地說：『織皮，謂西戎之國也。』引在淸儒孫星衍的尙書古今文注疏中，以見孫氏贊成『織皮』乃一氐族名，而非毛布。」

關於「審音」，我說：

「首先我們從對音方面研究：織，古音讀爲試或識。禹貢『厥土赤埴』，鄭康成注：『埴作戠』，羅振玉云：『戠卽識』（董作賓先生所說）；織字，絲旁，從戠得聲，故古音讀爲識。又，韋昭云：『織音試』（孫星衍書所引）。識、試和鮮（古音析、失、錫）爲同聲。皮，古音與比同，如皋皮卽讀皋比，至今廣東音比也讀皮，福州音皮讀佩：比、皮一音可證。故『織皮』爲鮮卑的對音。」

關於「攷地」，我說：

「其次，我們從地望方面研究：禹貢排列『織皮』於熊羆、西傾之間，或在昆侖、西戎之首，都在梁州項內，可知它的地望必在今中央亞細亞和鮮卑利亞一帶，絕不會在東北。這一帶在漢朝有西鮮卑曾建國家（廣祿教授說），在晉代有鮮卑拓跋氏從鮮卑利亞遷到今大同建北魏帝國，元朝有失必（兒），直到今天，烏拉山、裏海之間還有許多鮮卑人，但從一五五二年以來，便逐漸被俄羅斯所奴役了。」

根據以上「求類」「審音」、「考地」的推求，我的總結論說：

「從以上的證據，我們可以說：一、『織皮』是一氏族，卽鮮卑的最古的譯名。春秋時代譯爲姺邳（左傳昭元年），戰國時代譯爲絕轡（音徐必卽胥紕）及鮮卑，元朝譯爲失必（兒），淸初譯爲『西伯』，由SIBER譯來，中葉譯爲錫伯（單指住在遼、吉的鮮卑人），又有譯爲『悉必』、『悉畢』者。二、『織皮』人四五千年前就住在今中央亞細亞和鮮卑利亞一帶。三、『織皮』人在四千年前的夏禹時代，已和夏朝有來往（『因桓是來』）卽列入藩封或宗譜（『卽敍』）了。四、禹貢時代，『織皮』人已經發明了罽卽毛布。」

這裡的第三點就是上文所說「鮮卑確是夏的屬國」的說明。我國在三百年前（尼布楚條約以前）沒有今天國際法上的領土觀念：我們主張「徠遠」、「柔遠」，並不「有遠」，這是王道主義。禹貢所稱「卽叙」，在王道主義的立場看，「織皮」已是「效順」（二千年前的字典爾雅：「叙、順也」）或「彝倫攸叙」了。夏朝對它已有宗主權。

按：夏禹的時代，一說從公元前二二〇五年（民國紀元前四一一六年）開始（[illegible]崴說），一說從公元前二一八三年開始（董作賓先生說），總之遠在四千年前，「織皮」——鮮卑已成爲中國夏朝的屬國（藩封）或「叙」入宗譜，比俄國吞併鮮卑僅是四百多年前的事，早得多了。如果我們拿着寫在春秋時代的尙書禹貢，寫在戰國時代的周書，去和俄國人講道理，他們也會啞口無言。否則請他們拿出歷史來看：那時斯拉夫人還在喀爾巴仟山上作猴子呢。

美奴新青銅何以年長？

一些朋友不相信黃帝能在新疆以外的中亞和鮮卑利亞去打蚩尤，認爲我在「盲翁說古」。其實諸位是被司馬遷所誤了。司馬遷沒有世界史的修養更不懂古史地書的山海經，因此不懂黃帝是先在中亞以北打敗蚩尤後才入中原和神農作戰，所以把涿鹿戰場寫得地望不明；後人看到今察哈爾有個涿鹿，不知這是「地名隨族轉徙」，便以爲這涿鹿便是打蚩尤的涿鹿。一誤，再誤，誤到今天，大家便更不懂這段古史了。一些朋友也不相信夏朝時代會有鮮卑（

織皮）從西方來；這是誤於漢書以後鮮卑在東方出現的歷史，以爲鮮卑在東北不在大西北即今中亞、西鮮卑利亞（含南俄）。其實鮮卑利亞的鮮卑（見伯）人，在四千七八百年前，只有黃帝一支來到中原，後傳世到禹；其餘的人還是住在當地的，一直到今天。所以，上面我說絕轡、織皮都是鮮卑，絕轡爲黃帝領土．織皮被夏族「敘」譜，這是眞正的古史。

夏朝被商朝推翻（在我有一專名詞，稱這爲「宗族性的內亂」）後，夏人又退回鮮卑利亞、內外蒙古一帶去，這就是美奴新青銅器和綏遠青銅器比殷虛青銅器年齡較長的道理。

以後，夏人並未忘掉「收復大陸」，不斷和殷人作戰，如姚邳和殷朝失和事件（左傳），如殷高宗「伐鬼方，三年克之」（易）事件，恐怕就是夏人反攻的史實。殷人把流亡的夏人喊爲「大夏」，當即代夏（代、大一音），說明山西綏遠一帶（代地）還在夏人手中。到了周初，專隔五六百年，留在中原的夏人雖被武王封建了一個杞國；但流亡的夏人已被喊爲獫狁（音鮮戎），仍在反攻，這就是周人「靡室靡家」的那一血戰了。至於成王時「鮮卑守燎」的鮮卑人，恐怕不是從遠鮮卑利亞新來的，就是「葷攤」的。周末春秋時代，山戎（獫狁在東部者）反攻得很兇，齊、燕、趙等國都在修長城；戰國時代仍在反攻，燕、趙、秦等國也在修長城；到秦始皇把燕、趙、秦的長城聯在一道，並派大兵遠征：於是流亡的夏人再也看不到中原了，文化日趨隔離，言語日趨「西化」——接受了阿爾泰語，名字也被寫成「匈」，以「奴」視之，或被喊作「胡」，以外國人視之，其實「匈」即夏，「胡」亦即夏，只是字體不同，諧音相同，『一家人不認一家人』而已。

重行偕手．

三、東漢時鮮卑入我版圖——「漢朝開頭一百年，他們擁有騎兵數十萬，不但威脅漢朝，而且自相火拼（曼頭滅東胡）。東漢時代（西二五年以後），鮮卑地方中出現了一位名王，姓於仇名賁，受光武帝的誥封，爲鮮卑王，在國際法的意義上，東鮮卑地方從那時起（距今一千九百年前）便是中國領土了」（拙作「鮮卑問題」）。在歷史的意義上，從公元前十八世紀流亡北返鮮卑利亞的夏人，到公元一世紀，即一千八百年後，又和中原的夏人（漢人）重行偕手了。但這中間懸隔太久，血統雖同，文化已異，言語尤爲「母鷄牙」了。這是中華民族史上的一大損失；現在可以稍稍彌補。「到東漢章帝時（西八七年），鮮卑大破南匈（夏）奴；南匈奴五十八部歸漢。和帝時（西八九年），竇憲大破北匈（夏）奴，登燕然山刻石紀功，在國際法的意義上，東鮮卑地方正式列入中國的版圖了。」（拙作「鮮卑問題」）

鮮卑王朝列入正統

四、北魏領土遠達北極——「從東漢到東晉（西二五—三八六年）三百多年中，鮮卑族和由黃帝繁衍而來的古鮮卑人即漢族，完成了一個新的大規模的同化（文化）。這個同化，孕育了鮮卑的又一名王．姓拓跋名珪，於東晉孝武帝太元十一年（西曆三六八年），在今山西省大同縣建立魏朝（魏即鬼方），傳世一百五十餘年，史稱北魏，又稱後魏，和南朝的晉、宋、齊、梁、陳平分今天的大陸，故也稱爲北朝。北魏的領土，南至江淮，北至今天全部鮮卑地方，據魏收的魏書所記，北魏世祖眞君四年（西曆四四三年），派中書侍郎李敞赴今貝加爾湖（時名于巳尼大水）告祭鮮卑『先帝舊墟』，『石室南北九十步，東西四十步，高七十尺，刊祝文於壁』云云（卷一百），使可證明一千五百年前中國北朝的領土，確是包括鮮卑地方在內的。北朝列爲中國的正統王朝，北朝的歷史即魏書列入中國的正史二十五史之中，所以北朝的領土——鮮卑地方至少貝加爾湖一帶，當然是中國的領土。這一宗歷史上的眞實事實．便在外國歷史上也留有忠實的記錄，例如英國權威史學家韋爾斯，他在巨著『世界史綱』上寫道：

『魏所統之地，不僅中國之北部而已；并掩有西伯利亞之大部分。嘗吸收中國之文化，由其勢力而使中國之貿易及知識遠達北極一帶。』（商務本六冊十九頁）

依韋氏說，至少『西伯利亞（按：鮮卑地方）之大部分』是中國的領土，這也是毫無問題的。」（拙作「鮮卑問題」）

隋唐元領土包括鮮卑地方

五、隋朝的領土——「南朝梁武帝中大六年（西曆五三四年），北朝分爲東西魏，東魏易爲北齊，西魏易爲北周，經四十餘年的分裂，到陳宣帝太建十二年（西曆五八〇年），由另一位姓那羅名延的鮮卑人予以統一，建國曰隋。那羅延漢姓名爲楊堅，卽隋文帝。在法理上，北魏的全部領土包括鮮卑地方在內，統通是隋朝的領土，如中華民國成立後，清朝的全部領土也便是中華民國的領土了。」（拙作「鮮卑問題」）

六、唐朝的領土——「隋是中國的正統王朝，留有正史——隋書，在廿五史中。隋朝之後，又一正統王朝——唐朝，代之而興。唐朝領土，西達裏海，北達貝加爾湖，大部鮮卑地方還是中國的領土。唐末，另一支鮮卑人興於今天的東北九省，史名契丹，音讀爲吱雜、欽察、堪察、戈薩，出於息愼，在今長城內外建立遼國；遼末，另一支鮮卑人起於今天的東北九省，史名女眞，也出於息愼，在今遼寧、河北建立金國。」（拙作「鮮卑問題」）

七、元朝領土——「金末，另一支鮮卑人崛起於斡難河邊，史稱蘇鞨、蒙兀、矇古子，出於室韋（鮮卑的一氏），其名王奇渥溫•鐵木眞，建都和林（今外蒙），稱曰天皇（成吉思汗），國名蒙古，統一今內外蒙古及鮮卑地方，遠征俄國，在烏拉山東西建立欽察汗國，封長子朮赤爲皇（汗），統治西鮮卑地方幷控制俄羅斯。朮赤的兒子拔都，擴大欽察汗國，今俄、波蘭、東德、捷克、匈牙利、保加利亞、羅馬尼亞……均包括在欽察汗國之內，歷時自西曆一二三六年到一四八〇年。一四八〇年以後，欽察汗國之在窩瓦河以西者，始被俄羅斯人所滅；但窩瓦河以東的喀山汗（卽契丹汗）屹然猶存。而蒙古天皇子孫之南下中原者，則在今天全部大陸上建立元朝。元朝中央和欽察汗、鮮卑汗、伊兒汗、窩闊臺汗等國的關係，一如今天的不列顛國協。鮮卑汗國在今西鮮卑地方，窩闊臺汗國在今東鮮卑地方，伊兒汗國在今中央亞細亞，欽察汗則在烏拉山東西（鮮卑汗國係由欽察汗國分封而出），群星拱極，藩屏元朝：所以今天的鮮卑地方全屬元朝的領土。而元朝也是中國的正統王朝，元史列於正史，則鮮卑地方直到元朝終了（西曆一三六八年）當然也是中國的領土」。（拙作「鮮卑問題」）

「歷史的領土」的總帳及其淪陷

根據上面的史實，我們知道：今天的鮮卑地方，在中國的正統王朝——即在黃帝朝、在夏朝、在東漢朝、在北魏朝、在隋朝、在唐朝、在元朝，和各王朝的正史——即史記、漢書、後漢書、魏書、北史、隋書、舊唐書、新唐書、元史、新元史上，都列入中國的版圖：所以這地方是我們「歷史的領土」。而世界最古的史地書——山海經上記載得更為明白：「大荒」即鮮卑利亞及中亞。

自中原的元朝於明太祖洪武二年（西一三六九年）退歸和林，其後王建立「後元帝國」（此名詞的來源見本段開頭韓鳳林上校談話），繼續統治今內外蒙古和鮮卑利亞；在今南俄的元朝藩國——欽察汗國，這時期仍然屹立尼泊河（聶伯河）以東；在今中亞的元朝藩國——伊兒汗國，這時期仍然雄視錫爾河上。鮮卑利亞和中亞在明朝中葉以前雖未列入明朝版圖，但仍是蒙古人——鮮卑人的領土，與俄國毫無關係。

八、清朝領土——明朝中葉，帝俄坐大，成化十六年（西一四八〇年），伊凡三世吞併欽察汗國；嘉靖三十一年（西一五五二年），伊凡四世侵滅喀山汗國，遂迫烏拉山；萬曆九年（西一五八一年），俄寇越過烏拉山，滅鮮卑汗國（首都圖鈑即求敏今譯第烏門）。清朝建國，兼為蒙古皇帝，凡蒙古所有地方包括內蒙外蒙及鮮卑利亞，都是清朝的領土。康熙二十八年（西一六八九年），俄國侵去外興安嶺以北以西的鮮卑利亞。

俄佔鮮卑利亞於法無據

俄國人太不聰明了，第一、當年他們不應該把這一大片地方名為鮮卑利亞（SIBERIA）。倘胡亂改一個什麼新名字，不用這個老名字，也許我們這些一向數典忘祖的中國人便永久不會去費考證工夫了。外國人更沒有人管。但史實地實決定一切，俄國無法妄改地名，迄今鮮卑利亞（及中央亞細亞）一切城名、山名、水名不是鮮卑名便是蒙古名。第二、當年他們不該和清朝簽訂尼布楚條約、恰克圖條約、北京條約、西北界約和哈巴河界約，要清廷承認鮮卑利亞是俄國領土，因爲他一如此作做，便是作賊心虛，告訴失主：這是搶你的土地呀。他心中雪亮，知道這大片鮮卑地方原是中國的領土，現既搶來，便不得不要物主承認。豈知這些條約却使他永遠立於失敗之地，什麼時候中國有力量要求照約收回，他只好瞠目莫對。三十九年我講過：

「鮮卑利亞之所以是中國的領土，除了這全部歷史外，還有在條約上俄國『承認』的充分理由。因爲從尼布楚條約到西北界約，共五個條約，都是俄國迫我承認鮮卑利亞現在乃俄國領土的條約。倘使鮮卑利亞原來是俄國領土，俄國何必再強迫中國承認這地方現在是他的？如果鮮卑利亞原本不是中國領土，俄國何必非要中國和他訂約承認這地方現在是他的？例如他取得阿拉斯加，便不強迫中國承認，因爲他自己『承認』阿拉斯加和中國無關即不是中國的領土呀！」（易陶天等筆記「俄帝侵華史」）

第三、民國十三年五月三十一日，他更不該和我王外長正廷簽訂「中俄解決懸案大綱協定」一稱「中蘇協定」，因爲這個協定中規定：

「兩國政府同意，將中國政府與帝俄政府所訂之一切公約、條約、協定、議定書及契約等概行廢止；另本平等互惠原則，另訂新約。」

於是尼布楚條約、恰克圖條約、北京條約、西北界約和哈巴河界約——五個鮮卑利亞割地條約「概行廢止」了。我們失去鮮卑利亞四百年，自民國十三年起，中俄間已經無約存在：他已無約可據說鮮卑利亞是他的「領土」了。

英勇負擔「第四任務」

上面我從民族學的觀點，考定「鮮卑即夏伯」——鮮卑是夏族；再從史地學的觀點，考定鮮卑地方是中國的領土，一口氣講了四年，大約全體武裝的聽衆都已領悟了。到民國四十二年五月，首次向一千多名青年公開說明這兩個要領，並要求青年們實踐「解放鮮卑」，作爲國民革命的「第四任務」，我講道：

「諸位同學：

「講到這裡，我們便知道什麼是『第四任務』了：『第四任務』便是在反共抗俄收復大陸之後，我們還要解放鮮畢！——第三任務，已由我們這批『老兵』擔負起來；而這『第四任務』便應期待你們這些『青年兵』們英勇地擔負起來！」